《中国铁路职业与教育》编委会

（按姓氏笔画排序）

王　彦	王媛媛	支崇珏	吕　超	朱志伟
刘　芳	苏云锋	李俊娥	吴国毅	吴望红
何成才	余毅晖	张明娥	罗　亚	郑毛祥
侯梅英	夏　栋	顿小红	奚　进	高玉平
涂玉芬	彭开勤	谢淑润	雷　湘	

中国铁路职业与教育

（第1辑·第2卷 总第2卷）

武汉铁路职业技术学院 ◎ 主　办
张　辉　陈　涛　王德洪 ◎ 主　编

中国·武汉

图书在版编目(CIP)数据

中国铁路职业与教育.第1辑.第2卷:总第2卷/张辉,陈涛,王德洪主编.—武汉:华中科技大学出版社,2023.12
ISBN 978-7-5772-0261-7

Ⅰ.①中… Ⅱ.①张… ②陈… ③王… Ⅲ.①铁路工程-职业教育-中国-文集 Ⅳ.①U2-53

中国国家版本馆 CIP 数据核字(2023)第 237550 号

中国铁路职业与教育(第1辑·第2卷 总第2卷)   张　辉 陈　涛 王德洪 主编
Zhongguo Tielu Zhiye yu Jiaoyu (Di 1 Ji · Di 2 Juan Zong Di 2 Juan)

策划编辑：周晓方　宋　焱	
责任编辑：江旭玉	
封面设计：原色设计	
责任校对：张汇娟	
责任监印：周治超	
出版发行：华中科技大学出版社(中国·武汉)	电话：(027)81321913
武汉市东湖新技术开发区华工科技园	邮编：430223
录　　排：华中科技大学出版社美编室	
印　　刷：湖北新华印务有限公司	
开　　本：787mm×1092mm　1/16	
印　　张：14.25　插页：2	
字　　数：303千字	
版　　次：2023年12月第1版第1次印刷	
定　　价：88.00元	

本书若有印装质量问题,请向出版社营销中心调换
全国免费服务热线：400-6679-118　竭诚为您服务
版权所有　侵权必究

目录

3　模糊综合评价法在创新创业大赛项目评价中的应用_陈　莹

11　高职院校党建工作进学生宿舍的实践思考
　　——以武汉铁路职业技术学院智能制造学院为例_杨玉华　谢刚

17　高校基层党建工作与业务工作融合机制思考_周卓英

22　构建新时代高职院校爱国主义教育体系_高玉平

28　高职院校铁路文化的传承与创新
　　——以武汉铁路职业技术学院为例_汪雅芸　吴佳美

37　高职院校样板党支部建设的探索与实践_邓玉皎　李　伟

44　新时代高职院校"立德树人"根本任务的实现路径研究_李　黎

50　现代职业教育体系下职业本科教育面临的困境与对策_吕　健

56　高校图书馆员的职业操守与职业道德问题探讨_周　洁

63　以弘扬新时代科学家精神为核心强化高职院校科研育人路径_王德洪

68　美国创业型大学溯源及其发展动力探析_李生国

75　高职院校创新型人才培养的现实困境与实施路径_邓　珲

现代轨道交通 Chapter 2

- 83　铁路货车车轮踏面损伤分析_孟素英　张　涛　王良云
- 90　基于图神经网络的城市轨道交通流量预测的研究_苏　雪
- 99　智能高速铁路基础理论、关键技术及应用
　　　——以京张智能高速铁路为例_潘永军
- 105　论城市轨道交通接触轨的施工安装流程及要点_路文娟

教育教学改革 Chapter 3

- 115　基于共生教育理念的中华优秀铁路文化与铁路高职院校思政教育的耦合路径研究_管丽娟
- 120　高职院校电气自动化技术专业英语教学改进探讨_但　旭
- 125　善用铁路文化推进思政课高质量发展
　　　——以武汉铁路职业技术学院为例_韩　丹　刘　励
- 132　信息化时代高校图书馆管理创新的思考_汪　婷
- 139　铁路文化特色数据库建设探讨_王珊珊
- 145　从动态对等理论看教材翻译的特点
　　　——以《高速铁路信号与通信》译本为例_张　好
- 151　高职院校高等数学课程思政建设的实践探究_胡艳寒
- 158　工匠精神融入高职实训教学的路径研究_胡　海
- 163　课程思政融入大学英语课程教学的实践路径研究_吴　芸　汪雅芸
- 168　思政教育融入铁道通信与信息化技术专业的实践探索_匡　红
- 175　高职电子实训课程考核模式的研究与思考_刘卓超
- 181　城轨机电AFC虚拟仿真实训室建设研究_汪　鑫
- 188　思想政治教育价值观生成要素结构及特点分析_冉　琴

201 电子商务时代网络营销与传统直销的整合实践探析_杨　柳
206 农产品电子商务信息服务平台构建探讨_倪雪琴
211 浅析电子商务对我国实体经济的影响_郑金花

Chapter 1

高职教育研究

模糊综合评价法在创新创业大赛项目评价中的应用

陈 莹

(武汉铁路职业技术学院)

摘 要

大学生创新创业大赛是高校创新创业教育的有力抓手。学生参加创新创业大赛能有力地推动高校教育思想观念的转变和人才培养模式的改革,而客观、合理、有效的项目评价将激发大学生的创新创业热情,极大地调动他们创新创业的自信心及主观能动性。本文将模糊数学的知识和相关方法引入大学生的创新创业大赛项目综合水平的评价中,使评价结果更为科学,确保优质项目被发掘,促进技术、人才、产业市场的有效对接。

关键词

模糊综合评价 创新创业 大赛项目 应用

一、引言

中共中央、国务院《关于深化体制机制改革加快实施创新驱动发展战略的若干意见》明确指出:"加快实施创新驱动发展战略,就是要使市场在资源配置中起决定性作用和更好发挥政府作用,破除一切制约创新的思想障碍和制度藩篱,激发全社会创新活力和创造潜能,提升劳动、信息、知识、技术、管理、资本的效率和效益,强化科技同经济对接、创新成果同产业对接、创新项目同现实生产力对接、研发人员创新劳动同其利益收入对接,增强科技进步对经济发展的贡献度,营造大众创业、万众创新的政策环境和制度环境。"

大学生创新创业大赛是促进高校贯彻落实上述文件精神的举措之一。风起云涌的创新创业大赛,有助于发现、培育、遴选优质项目和优秀人才,有助于建立"创新—产品—

市场"的贯通机制,激发大学生的创业热情,营造创新创业文化氛围。同时,大赛作为平台,也为参赛者提供了全方位的宣传推广和各种资源对接机会,一些优质项目及团队也会在大赛中不断获得发展壮大及影响力的提升,形成以赛促学,以赛促创,甚至以赛代评的创新创业教育新模式。

因此,我们需要建立一套科学、全面的创新创业项目评价体系,这对于检验大赛效果,推动大赛优质项目成果落地、转移与产业化,建立高效、公平的评价方式,发掘优质创新人才等都具有重要意义。

本文将模糊综合评价法运用在创新创业大赛项目综合水平的评价指标体系建设中,取得了较为满意的效果。

二、模糊综合评价法概述

模糊综合评价法的依据是一种基于模糊数学的多层综合评价指标体系。由于信息具有可获得性和不确定性,同时人的感官和识别能力具有模糊性,所以我们想要给出准确的数据评估标准,并对某一事物进行精确评估是相当困难的。比如,在创新创业项目的市场定位、核心技术、项目设计、商业模式、团队能力等诸多方面,传统的评价方法通常采用专家打分,这种方法对评价信息的处理过于粗糙简单,未能考虑人的思维判断的模糊性和客观事物的不确定性等因素的影响,难以保证评价结果的客观性和准确性。

模糊综合评价法的步骤是:首先确定被评价对象的因素(指标)集和评价等级集;然后确定各个单因素的权重及它们的隶属度矢量,获得模糊评判矩阵;最后把模糊评判矩阵与因素的权矢量进行模糊运算,并进行归一化处理,得到模糊多因素综合评价结果。

三、创新创业大赛项目评价方法概述

国内外研究学者从心理学、经济学、管理学、会计学等不同的学科领域运用不同的方法对创新创业项目进行多元化评价研究,目前全球通行的惯例是用市场评价的方法,评价标准遵循以市场指标为主的原则,重点关注参评项目市场化、产业化的前景。核心是考查企业和团队开展的创新创业活动为社会创造的价值。这种评价方式仅考虑项目的市场价值,未考虑高校创新创业大赛的教育本质,因此略为单一。

由教育部牵头主办的中国国际"互联网+"大学生创新创业大赛,旨在深化高等教育综合改革,鼓励大学生紧跟时代步伐,在"双创"实践中全面锻炼各项能力,了解民情国情社情,切实提高学生的创新精神、创业意识和创新创业能力。

显然,大学生参加的创新创业大赛项目评价指标应该体现国家和区域发展战略,突出项目的创新性、商业性、社会性以及大赛实践育人的本质,助力高校创新创业教育。

本文将模糊综合评价法应用到大学生创新创业大赛项目评价中,引入大学生创新创业项目在不同指标上的优劣等级隶属度的概念,并建立相应的数学模型,最后对多级评价的结果进行整合。

四、模糊综合评价法在大赛项目中的应用

评价指标体系是否切合实际,是否科学有效,对大赛项目综合水平的评价效果至关重要。我们无法用粗略的语言精准地对大赛项目进行判定,但可以用模糊的语言描述某些指标的等级水平,甚至在特定情况下对某些指标进行量化。因此在大赛项目评价中使用模糊综合评价法具有一定的可行性与现实意义。

(一)确定指标集和评价等级集

如图1所示,创新创业大赛项目评价体系主要包括团队维度、商业维度、教育维度、创新维度和社会价值维度等5个一级指标和15个二级指标。这些指标由大赛评审规则决定。评价指标之间相互补充,共同反映大赛项目的质量。据此,我们可以确定影响创新创业大赛项目质量的指标集 U={团队维度,商业维度,教育维度,创新维度,社会价值维度},为每个指标按优、良、中、差4个等级分别赋分,即获得评价等级集 V=(5,4,3,2)。

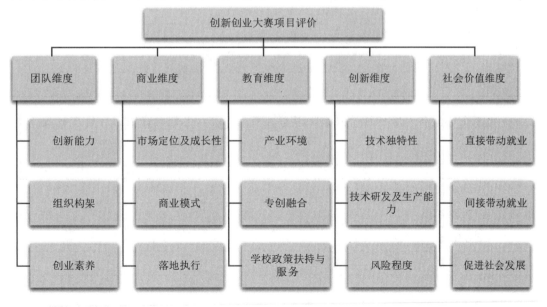

图1　创新创业大赛项目评价体系

(二)确定单因素模糊评价矩阵

单因素判断指的是根据评价集中的等级指标,对因素集中的每一因素进行模糊评判,得到评价矩阵 R,它体现了单一因素对于评价等级的隶属程度。(U,V,R) 构成了一个模糊综合评价模型。

从学校专职、兼职创业导师库中挑选 10 名专家对表 1 中的各个因素进行打分,确定一个评价等级。

表 1　创新创业大赛项目综合调查表(样表)

因素	分数			
	5	4	3	2
团队维度				√
商业维度		√		
教育维度	√			
创新维度			√	
社会价值维度		√		

对评委专家填写的表格进行统计,结果如表 2 所示。

表 2　创新创业大赛项目评价统计汇总表

因素	分数			
	5	4	3	2
团队维度	2	4	3	1
商业维度	1	5	3	1
教育维度	6	1	2	1
创新维度	7	1	2	0
社会价值维度	5	4	1	0

将 5 个因素各等级的评价人数除以总人数(10 人),得到大赛项目评价统计比率,如表 3 所示。

表 3　创新创业大赛项目评价统计比率

因素	5	4	3	2
团队维度	0.2	0.4	0.3	0.1
商业维度	0.1	0.5	0.3	0.1
教育维度	0.6	0.1	0.2	0.1

续表

因素	5	4	3	2
创新维度	0.7	0.1	0.2	0
社会价值维度	0.5	0.4	0.1	0

根据表3中的数据建立关于大赛项目评价的模糊矩阵。

$$R = \begin{bmatrix} 0.2 & 0.4 & 0.3 & 0.1 \\ 0.1 & 0.5 & 0.3 & 0.1 \\ 0.6 & 0.1 & 0.2 & 0.1 \\ 0.7 & 0.1 & 0.2 & 0 \\ 0.5 & 0.4 & 0.1 & 0 \end{bmatrix}$$

(三)确定各因素的权重

本文利用专家审议法确定指标权重。请专家从5个因素中选择一个最重要的因素,再将各因素获选票数作为分子,专家总数作为分母,求得权重,如表4所示。

表4 创新创业大赛项目评价各因素权重

因素	团队维度	商业维度	教育维度	创新维度	社会价值维度
人数	1	2	2	4	1
权重	0.1	0.2	0.2	0.4	0.1

因此,创新创业大赛项目质量评价5个因素的权重模糊集为:$A = (0.1, 0.2, 0.2, 0.4, 0.1)$。

(四)各因素模糊综合评价

选取合适的模糊合成算子,将模糊权矢量 A 与模糊关系矩阵 R 合成,归一化后,得到各被评价对象的模糊综合评价结果,即矢量 B。

$$B = A \times R = (0.1, 0.2, 0.2, 0.4, 0.1) \begin{bmatrix} 0.2 & 0.4 & 0.3 & 0.1 \\ 0.1 & 0.5 & 0.3 & 0.1 \\ 0.6 & 0.1 & 0.2 & 0.1 \\ 0.7 & 0.1 & 0.2 & 0 \\ 0.5 & 0.4 & 0.1 & 0 \end{bmatrix}$$

$$= (0.49, 0.20, 0.22, 0.05)$$

将[0,1]区间进行4次平分,则依次得到[0,0.25)、[0.25,0.5)、[0.5,0.75)、[0.75,1.0],分别对应差、中、良和优,遵从最大隶属度原则,该大赛项目质量应评价为良。

(五)近似等级求值评价

用模糊综合评价结果确定等级时,根据最大隶属度原则获得的是其绝对值,而对各个因素之间进行相对大小的比较会更具参考价值。因此,根据最大隶属度原则,我们可以将该等级的程度设置为1,把该等级之外的设置为0,这种操作会存在与事实不相符的情况。比如,当出现2个不同学校的大赛项目评价结果属于同一等级,具有相同的隶属度时,就无法进行有效比较和区分了。另外,当评价结果B中有多个等级对应着相同的最大隶属度时,我们也无法确定。只有当模糊综合评价值B中某个等级的隶属度极大且其他等级的隶属度极小时,其才较适用最大隶属度原则。因此,我们引入近似等级求值评价方法,充分利用模糊综合评价值B中的各个等级评分来确定某一因素对评价等级的隶属程度,来克服这些缺陷。

假设将4个分值(5,4,3,2)中的5分设定为1,将2分设定为0,将区间[0,1]平均划分为3个等分区间,因此4个分值就构成了等级矩阵 $\boldsymbol{C}=(1,0.66,0.33,0)$,其转置矩阵为

$$C' = \begin{bmatrix} 1 \\ 0.66 \\ 0.33 \\ 0 \end{bmatrix}$$

设 $e = \boldsymbol{R}_k \times \boldsymbol{C}$,其中 $\boldsymbol{R}_k$ 为因素集中各个单因素的模糊评价矩阵,依次可以计算得到各个因素相对评价等级的隶属程度。

$$e_1 = \boldsymbol{R}_1 \times \boldsymbol{C} = (0.2, 0.4, 0.3, 0.1) \times \begin{bmatrix} 1 \\ 0.66 \\ 0.33 \\ 0 \end{bmatrix} = 0.563$$

$$e_2 = \boldsymbol{R}_2 \times \boldsymbol{C} = (0.1, 0.5, 0.3, 0.1) \times \begin{bmatrix} 1 \\ 0.66 \\ 0.33 \\ 0 \end{bmatrix} = 0.529$$

$$e_3 = \boldsymbol{R}_3 \times \boldsymbol{C} = (0.6, 0.1, 0.2, 0.1) \times \begin{bmatrix} 1 \\ 0.66 \\ 0.33 \\ 0 \end{bmatrix} = 0.732$$

$$e_4 = \mathbf{R}_4 \times \mathbf{C} = (0.7, 0.1, 0.2, 0) \times \begin{bmatrix} 1 \\ 0.66 \\ 0.33 \\ 0 \end{bmatrix} = 0.832$$

$$e_5 = \mathbf{R}_5 \times \mathbf{C} = (0.5, 0.4, 0.1, 0) \times \begin{bmatrix} 1 \\ 0.66 \\ 0.33 \\ 0 \end{bmatrix} = 0.797$$

因此,各因素的隶属程度可表示为矩阵 $\mathbf{E} = (0.563, 0.529, 0.732, 0.832, 0.797)$。我们从矩阵结果可以知道,在该项目质量评价中,创新维度、社会价值维度为优,团队维度、商业维度、教育维度为良。

由单因素对评价等级的隶属程度,用权重模糊集 $\mathbf{A}$ 乘以转置矩阵 $\mathbf{E}'$,即可得到整个评价方案对评价等级的隶属程度。

$$e = \mathbf{A} \times \mathbf{E}' = (0.1, 0.2, 0.2, 0.4, 0.1) \times \begin{bmatrix} 0.563 \\ 0.529 \\ 0.723 \\ 0.832 \\ 0.797 \end{bmatrix} = 0.721$$

各因素的评定值可由其隶属程度和权重相乘后再乘以满分分数计算得到:

$$y_1 = 100 \times 0.1 \times 0.563 = 5.63$$
$$y_2 = 100 \times 0.2 \times 0.529 = 10.58$$
$$y_3 = 100 \times 0.2 \times 0.732 = 14.64$$
$$y_4 = 100 \times 0.4 \times 0.832 = 33.28$$
$$y_5 = 100 \times 0.1 \times 0.797 = 7.97$$

该项目的综合评分由以上各因素评定值求和即可得到,即

$$y = \sum_{i=1}^{n} y_i = 5.63 + 10.58 + 14.64 + 33.28 + 7.97 = 72.1$$

由此可见,该项目的综合评定等级为良。

近似等级求值评价可以量化项目质量,因此不同学校之间就可以进行相互比较了。

五、结束语

在传统的项目评价方法中,评价者的主观判断与研究问题的不确定性会导致人们无法对大学生创新创业项目进行较为客观的评价。模糊综合评价度量的是被评价对象对

各等级模糊子集的隶属度,它不是某一个点值,而是一个模糊矢量,因而能克服判断和评价信息的缺陷,使评价结果更为准确。

将模糊数学应用于创新创业项目的质量评价是一种创新性的探索与尝试,为相关部门筛选出可行性强、值得扶持的创新创业项目提供参考,也便于学校创新创业管理部门结合评价指标体系对有潜力的创新创业项目开展有针对性的培训。

参考文献

[1] 韩成勇.大数据背景下的高校教学评价[J].电脑知识与技术,2017,13(17):159-161,165.

[2] 耿晓凤,张春慧.高校学生评教量表现状及评教影响因素分析[J].大学教育,2021(8):195-198.

[3] 滕桂法,张昱婷,刘小利,等.以"互联网+"大学生创新创业大赛成功项目论高校创新创业教育体系[J].河北农业大学学报(农林教育版),2017,19(6):18-23.

[4] 冯欣,苏哲斌.大学生创新创业项目评价的模糊综合评价模型[J].科技创新与应用,2020(30):43-48.

[5] 方世敏,刘娟.旅游厕所服务质量模糊综合评价模型及实证分析[J].湖南工业大学学报(社会科学版),2016(5):34-41.

[6] 刘杨,常进,易宏,等.创新创业比赛制度分析与评价方法研究——以中国创新创业大赛为例[J].云南科技管理,2018(2):10-14.

高职院校党建工作进学生宿舍的实践思考——以武汉铁路职业技术学院智能制造学院为例

杨玉华　谢　刚

（武汉铁路职业技术学院）

摘　要

　　随着中国特色社会主义建设进入新征程，高职院校学生党建和学生教育管理工作成为高职院校的两项重要工作，关系到高校立德树人根本任务的落实。不断推进新时期学生党建进宿舍工作，是顺应高校教育管理变革的必然选择，是建设和谐健康校园环境的客观需要，更是促进"三全育人"综合改革的现实需求。高职院校应从塑造特色鲜明的党建工作品牌形象、党员深入宿舍、党员发挥示范引领作用等层面入手，丰富学生党建工作模式，从而高效且扎实地落实党建工作。

关键词

　　高职院校　学生党建工作　基层党建　学生宿舍

一、引言

　　习近平总书记在全国高校思想政治工作会议上指出："要坚持不懈培育和弘扬社会主义核心价值观，引导广大师生做社会主义核心价值观的坚定信仰者、积极传播者、模范践行者。"高职院校作为我国高等教育的重要组成部分，必须牢记为党育人为国育才使命。学生宿舍是学生除了课堂以外，开展学习、生活、休闲活动的重要场所，具有重要的思想政治教育功能，已成为广大学生真正意义上的"第二课堂"。高职院校立德树人，不

---

① 本文为武汉铁路职业技术学院 2020 年度学校招标课题"高职院校党建工作样板支部建设研究"（ZZB202001）成果之一。

能遗漏学生宿舍这块重要的思想政治教育、生活实践阵地。因此，高职院校要积极探索和拓展以学生宿舍为基础的党团工作阵地，形成"学院党委—学生工作办公室—宿舍党小组"组织体系，从入党申请人开始抓起，结合入党积极分子和发展对象的日常考察，将他们在宿舍中的表现作为重要的考核标准，真正做到"全方位培养、全过程监督"。

二、党建工作进学生宿舍的时代价值

（一）顺应高校教育管理变革的必然选择

一方面，随着高校党建工作水平的不断提升，高校基层党组织的建设越来越受到人们的关注。高校学生管理是基层社会管理的重要组成部分，对学校治理能力和治理水平起着关键作用。高校学生党员与普通学生的联系基本以宿舍为主要场所，而学生宿舍党建工作虚化、弱化、边缘化的现象广泛存在。在实际建设过程中，组织活动重形式而轻效果，学生党员与普通学生在日常生活中联系不紧密，缺乏完备的规范制度，对现代数字化信息传播技术的利用率较低等问题在一定程度上弱化了学生党员在宿舍的积极作用。学生党员群体作为学生党支部建设的重要内容，少数学生党员主体意识不强，先锋模范意识不足，无法在思想上、政治上、行动上与党中央保持高度一致的情况时有发生。学生宿舍作为学生党员联系群众、及时反馈学生诉求的重要途径，需要充分发挥其应有的作用，夯实党的组织基础。在宿舍管理中运用资源共享和协同理念，可以很好地解决目前高校中存在的宿舍资源较为分散的问题。在"互联网＋"时代，可以通过在学生宿舍建立网格QQ群、微信群等措施，建立起信息共享平台与快速反应机制，最大程度地利用入党积极分子、发展对象、党员、普通学生的闲暇时间，极大地提高工作效率。

（二）建设和谐健康校园环境的客观需要

宿舍是高职院校学生每天除了课堂学习和课外活动以外停留时间最长的地方，也是他们最放松、展现最真实自我的场所，因此，宿舍是能够对学生进行同伴教育，使学生耳濡目染提升综合素质和身心健康水平的重要场所，是高职院校的思想政治教育工作者在课堂之外对学生进行教育、引导与管理的场所。学生党建是三年制高职院校的一项难点工作，将学生党建工作推进到学生宿舍，不仅大大拓展了党建工作的空间，而且能够更大程度地发挥广大入党积极分子、发展对象以及学生党员在宿舍的引导与示范作用。将朋辈教育与党建引领结合起来，用身边人教育、影响身边人，使得学生党员、积极分子的模范作用更加鲜明和突出，能在学生党建工作中取得事半功倍的效果。

(三)促进"三全育人"综合改革贯彻落实的现实需求

坚持全员全过程全方位育人。一方面,党建工作进学生宿舍,将党的教育从课堂或组织活动延伸到学生生活、放松、娱乐的场所,这打破了传统的以教师为主体的限制,以润物细无声的方式进行党建工作,更能发挥学生的主体作用。在宿舍开展党建工作,将组织生活的范围拓展到宿舍这个新的教育基地,改变了以往单一的教师布置任务、学生被动完成的教育现状。另一方面,党总支书记、党总支副书记、学生党支部书记、辅导员、党员教师等协同承担学生党建工作任务,多方协作配合,能有力地保障党建进宿舍工作的推进。

三、党建工作进学生宿舍的现状

学生党支部作为高校的基层党组织,要充分发挥其战斗堡垒作用,必须使学生入党积极分子、发展对象、党员的先锋模范作用在广大的学生宿舍得到充分发挥。当前,武汉铁路职业技术学院智能制造学院的学生党建进宿舍工作主要体现在学生社会主义核心价值观践行、入党积极性、入党动机、技能竞赛获奖、文明礼仪养成、安全意识建立、志愿服务时长、星级宿舍评选等方面的观测指标逐年攀升,学生综合素质显著提高,但其中仍存在一些不足,具体体现在如下方面。

(一)工作经费、硬件设施缺乏

目前,党建和思政工作进学生宿舍相关工作没有专项经费,仅靠学生经费支持,学生宿舍活动场地和相应的硬件设施还不是很充足。高职院校在条件允许的情况下,应设立学生党建专项经费,在学生宿舍建立党员活动中心等。

(二)学生宿舍党建教育计划性不强

目前,学生党建和思政工作进学生宿舍相关活动缺乏规律性、条理性,存在一定的盲目性。相关人员大多被动地完成学校、学院安排的工作,对宿舍党小组工作的主动性不足,缺乏一定的自主性。同时,学生入党积极分子、发展对象、党员自身对宿舍党建工作的重视程度不足,对党建和思政进宿舍工作的重要意义认识不够,他们中的一些人认为只要在院系的党组织活动中好好表现就可以了,在宿舍里不仅不能起到带头作用,个别人在思想上一旦松懈,往往还会起到反作用。例如,个别学生党员宿舍卫生不达标等问题,给整个学院的党建进宿舍工作带来了负面影响。如何通过思想政治教育使入党积极分子、发展对象、学生党员对党建和思政进宿舍工作有充足的认识,调动起他们的积极性、主动性,成为急需解决的问题。

(三)学生宿舍党员教育管理工作队伍的建设有待加强

目前,学院学生宿舍的党员教育管理工作队伍主要是以学院党政领导带头,学生辅导员为核心,教师党员为补充。辅导员一般身兼数职,日常的学生工作占据了他们大量的时间和精力,这大大削弱了学生党支部学生宿舍党建工作的力度和效度。学生党员主要是大三学生,他们面临毕业考核、就业、升学多重压力,这在一定程度上使得党建和思政进宿舍的教育管理工作流于形式,难以保证教育管理工作的质量。针对这个问题,学院应充分发挥"一站式"学生社区的作用,一方面充分调动全体党员教师的积极性,选拔负责任的科任教师充实学生宿舍党建和思政工作队伍;另一方面,充分调动入党积极分子、发展对象的力量,在宿舍党小组内设置红色宣传员、学风引领员、道德监督员、活动组织员和意见收集员岗位,各岗位成员各司其职,实现党支部工作、活动与学生生活实际的紧密对接,让工作能够着眼于实际问题,真正服务学生。

四、党建工作进学生宿舍的实践策略

(一)以宿舍楼栋为单位划分党小组

以学生宿舍网格化管理、"一站式"学生社区为抓手,将学生宿舍作为党建和思政教育的载体,结合各个党支部实际,以楼栋为单位划分党小组,定期开展理论学习和社会实践等。在学习内容上,坚持党的基本路线、方针、政策,结合党的二十大报告最新要求,以习近平新时代中国特色社会主义思想为主要学习内容,加强学生党史教育,引导学生增强"四个意识"、坚定"四个自信"、做到"两个维护",坚持政治立场不移,保证政治方向不偏,提高政治觉悟。在学习引导上,加强形势与政策教育,努力拓宽学生视野,引导学生关注当前国际国内局势,关心国家、社会、人民的命运,避免学生"两耳不闻窗外事,一心只读圣贤书",引导学生做有责任感、使命感的新时代大学生,不负"请党放心,强国有我"的铮铮誓言。在学习效果上,坚持党员政治生活的基本原则要求,坚持多学习多思考,定期将学习效果以思想汇报的方式向组织进行汇报,定期积极开展批评与自我批评,努力提升思想认识水平和独立思考的能力。在学习形式上,要充分考虑新时代大学生的身心特点,不断创新组织生活和学习实践方式,如利用"学习强国"平台,组织党史知识竞赛,开展宿舍文化节,丰富宿舍志愿服务等。这些教育实践活动有效地发挥了入党积极分子、发展对象、学生党员在宿舍中的骨干带头和先锋模范作用,也提高了广大学生的思想政治觉悟水平,增强了他们积极向党组织靠拢的意愿。

(二)建立党员联系宿舍制度

智能制造学院结合实际情况,通过多种形式安排教师党员与宿舍结对。教师党员通过与宿舍成员交流互动,充分发挥党员的模范带头作用,了解学生的思想、心理动态,在工作、生活上及时帮助学生解决实际问题,在思想上及时化解学生的困惑,引领学生积极向党组织靠拢,带动宿舍全体成员共同进步,创建文明宿舍、星级宿舍。

(三)加大宿舍范围的入党积极分子和发展对象的培养考察力度

学生党支部在确定入党积极分子和发展对象的工作中,广泛征求宿舍成员和结对的教师党员的意见,能够在无形中对入党积极分子、发展对象形成潜移默化的约束作用,使他们能够自觉严格要求自己。此外,在推荐入党积极分子、发展对象、接收预备党员时,学生党支部可以将他们在星级宿舍评比中的表现纳入考核范围。

(四)党建带团建,组织开展丰富多彩的文化活动

在举办宿舍文化节、爱国卫生月、体育文化节、女生节、学雷锋月、读书月、心理健康教育月等活动时,利用"一站式"学生社区在宿舍楼内设立宣传板、宣传栏、展板等多种宣传载体,对宿舍文化活动及时进行宣传,营造积极向上的宿舍文化氛围。

(五)建立党员、入党积极分子宿舍挂牌明示制度

开展党员形象工程活动,建立宿舍挂牌明示制度,在有入党积极分子、发展对象、党员的宿舍悬挂"入党积极分子宿舍""发展对象宿舍""党员宿舍"明示牌,让他们接受广大学生的监督,这能鞭策他们不断进步和提高。要求入党积极分子、发展对象、党员积极发挥榜样示范作用,当好学生宿舍的思想宣传员、学业引导员、安全助管员、感情联络员。成立由入党积极分子、发展对象、学生党员组成的宿舍文明服务队,服务队成员经常深入宿舍、深入广大学生,配合学生党支部和其他学生干部了解学生需求,化解纠纷矛盾,团结广大学生,引导广大学生在政治上进步提高,在思想上积极上进,在行动上向组织靠拢,实现以服务展示党员风采、以服务锻炼积极分子、以服务凝聚广大学生的目的。

党建和思政进宿舍工作是一项系统工程,需要学校多方面的密切配合。学院学生宿舍党小组在学院党总支统一领导下开展工作,党总支书记、党总支副书记为党建和思政进宿舍工作的主要负责人,学生党支部书记负责具体事务,有关辅导员任党小组组长,选拔优秀的学生党员"包产到寝",对一、二年级重点学生宿舍实行"一对一"帮扶,协助学院开展宿舍思想建设工作,形成多方协作配合的机制,有力支撑党建和思政进宿舍工作的推进开展。

五、结束语

党建工作进学生宿舍,不仅是时代对高校立德树人提出的新要求,而且是高校加强基层党建的重要抓手,它能充分发挥大学生自我教育、自我管理和自我服务的作用,有效提升基层党组织在学生中的影响力和感召力。新时期,高职院校应该重视学生宿舍党建工作,充分利用学生宿舍这块重要的思想政治教育、生活实践阵地,不断结合学生宿舍中出现的实际情况,探索适合高职院校党建工作进学生宿舍的新模式,切实提高高职院校学生党建工作的针对性、时效性和主动性。

参考文献

[1] 习近平.把思想政治工作贯穿教育教学全过程 开创我国高等教育事业发展新局面[N].人民日报,2016-12-09(01).

高校基层党建工作与业务工作融合机制思考①

周卓英

(武汉铁路职业技术学院)

摘　要

2021年新修订的《中国共产党普通高等学校基层组织工作条例》明确提出,构建新时代高质量的高校党建工作体系,以系统思维推进高校基层党建和业务工作深度融合尤为重要,真正将立德树人落到实处。基层党建融合业务工作是新时代高校发展的必然要求。本文从基层党建融合业务工作有利于将高校立德树人根本任务落到实处、有利于发挥基层党组织的战斗堡垒作用、有利于党内政策法规落到实处三个维度阐述高校基层党建工作和业务工作深度融合的重要意义。针对高校基层党组织建设在业务工作中作用体现不突出,在思想认知、规范建设、工作方式等方面存在较大提升空间等问题,本文提出建立"33"机制,推进高校基层党建工作与业务工作的深度融合,助力"双高计划"建设。

关键词

基层党建　业务工作　深度融合

一、引言

高校基层党建融合业务工作有利于高校真正将立德树人根本任务落到实处。2021年新修订的《中国共产党普通高等学校基层组织工作条例》谈到,"坚持高校党的建设与人才

---

① 本文为武汉铁路职业技术学院党建研究课题(DJ2021Y001)的阶段性成果。

培养、科学研究、社会服务、文化传承创新、国际交流合作等深度融合,为高校改革发展稳定、完成党和国家重大战略任务提供思想保证、政治保证、组织保证"。

二、高校基层党建融合业务工作是新时代高校发展的必然要求

(一)高校基层党建融合业务工作有利于将高校立德树人根本任务落到实处

2018年9月,习近平总书记在全国教育大会上强调,要把立德树人融入思想道德教育、文化知识教育、社会实践教育各环节,贯穿基础教育、职业教育、高等教育各领域;教师要围绕这个目标来教,学生要围绕这个目标来学。在"三全育人"大背景下,教育工作者担当立德树人职责,高校业务工作蕴含丰富的思想政治价值。高校基层党组织作为教书育人的重要平台,在落实立德树人根本任务的同时,也引领着高校教育事业内涵式高质量发展。

(二)基层党建融合业务工作有利于发挥高校基层党组织的战斗堡垒作用

治国安邦,重在基础;管党治党,重在基层。党的二十大报告提出,坚持大抓基层的鲜明导向,把基层党组织建设成为有效实现党的领导的坚强战斗堡垒,激励党员发挥先锋模范作用,保持党员队伍先进性和纯洁性。加强高校基层党建工作,必须围绕学校中心工作,将立德树人根本任务落到实处,着力解决教学科研、学习就业等实际问题,并在这一过程中把基层党建和业务工作深度融合,实现基层党建引领示范功能,充分发挥基层党组织推动高校各项事业发展的战斗堡垒作用。

(三)高校基层党建融合业务工作有利于党内法规落到实处

2021年4月,中共中央发布新修订的《中国共产党普通高等学校基层组织工作条例》,对高校基层党组织做出全面规范。不论是高校党委组织学习各种业务知识,还是教师党支部发挥党员先锋模范作用完成教学科研及教学管理工作,或是学生党支部引导学生发愤图强、报效祖国,都体现出基层党建工作与业务工作的深度融合有利于党内法规落到实处,这是高校发展中的时代选择。

三、高校党建工作的问题有待改进

目前,高校基层党组织建设在业务工作中作用体现不突出,在思想认知、规范建设、

工作方式等方面存在较大的提升空间,这在一定程度上不利于党建和业务工作有效融合。

在思想建设方面,少数高校党的基层组织在开展党内政治生活时,对党员的要求不够严格,开展政治理论学习、组织生活会的规范性仍需加强。个别党员主动提升动力不足。在实际工作中,少数高校存在党建和业务工作"两张皮"问题。部分教师对党支部工作认识不到位,依然秉持"党务抓党务,业务干业务"的老原则,或直接"重业务,轻党建"。在量化考核方面,虽然各高校逐步推进详细的人事考核方案,但关于党的建设方面的考核方式相对单一,缺乏创新性。

四、建立"33机制",促进高校党建与业务工作深度融合

作为高校发展建设的生力军,高校基层党组织承担思政和党建的双重使命,需要在做好思想政治和党的建设工作的同时,结合具体情况,围绕立德树人、教育教学、率先垂范等开展具体工作。"33"机制可以在促进党建工作提质增效、推动高校教育事业内涵式高质量发展的过程中,实现党建与业务工作的深度融合。

(一)搭建"三张网",为高校可持续发展保驾护航

一是责任网,保障各部门的各项工作任务得以落实,各类问题得到解决。建立学校年度任务责任清单和党建工作责任清单,落实纪委监察制度,定期收集学期和月度重点工作任务,形成"任务清单导航、重点项目分解、纪委监督落实"的工作机制。二是制度网,保障各项工作有章可循,有据可查。围绕管党治党、立德树人、行政管理、业务服务等多方面内容,为学校改革发展提供坚强的制度支持,持续营造风清气正、干事创业的良好政治生态。三是监督网,保障党员干部和师生员工坚定政治立场,不忘初心,牢记使命,坚定不移推进全面从严治党,认真履行管党治党、全面从严治党政治责任,加强内部监督管理,坚持严的基调和实的要求相统一,把从严管理监督和鼓励担当作为统一起来,激励干部敢于担当、积极作为。

(二)建好"三支队伍",为高等教育事业提供有力的人才支撑

一是机关党组织队伍建设。机关党的建设是党的建设新的伟大工程的重要组成部分。机关党建工作与业务工作同步考评一体运用,实现机制融合,在整体协同中加强对高校全体师生的教育、管理、监督和服务,提升全校师生的创造力、凝聚力和战斗力。

二是教师党支部队伍建设。明确"党建聚合力、担当促提升"的工作思路,通过党建铸魂、政治导向、师德护航,全方位培养教师高度的思想政治素养、高尚的师德师风和高超的教育教学能力,打造高水平高素质的高校教师队伍。三是学生党支部队伍建设。学生党支部作为党密切联系学生的桥梁和纽带,是引领广大学生刻苦学习、团结进步、健康成长必不可少的重要阵地。做好高校基层党建工作,让学生党支部在学生工作中能够唱响主旋律,打通高校基层党建工作的"最后一公里",成为联系学生的核心、教育党员的阵地、服务群众的重要基层组织。

(三)做好"三创行动",为高校发展迈上新台阶夯实基础

一是创"文明单位"。在文明单位创建过程中,始终把创建工作与基层党组织建设有机结合起来,以文明建设为高校发展事业赋能量、聚合力,进一步优化学校内外部环境,提高学校精细化管理水平。二是创党建工作示范校。按照新时代党的建设总要求,以政治建设为统领,以质量攻坚为动力,以提升组织力为重点,以推动事业发展为落脚点,严格对标看齐,践行初心使命,为实现学校发展目标提供坚强的政治保证和强大的精神动力。三是创"双一流"高校。高职"双一流"计划是指中国特色高水平高职学校和专业建设计划,简称"双高计划"。在争创过程中,坚守立德树人初心,设置由党委书记和校长挂帅的双高建设领导小组,紧盯"支撑发展""引领改革"和"塑造品牌",建立奖惩绩效监测机制,在专业建设、人才培养、产教融合、社会服务等方面锚定大提升、大突破,充分发挥"双高计划"的示范引领作用。

五、结束语

高校基层党建工作与业务工作的深度融合并非一蹴而就,需要各方不断对实现路径进行探索,不断对推进方式进行调整,需要学校各级党政领导的大力支持和全校师生各支部党员统一思想、统一行动,团结一致向前进,不断将党建工作融入机关各职能部门管理和服务的各层面,融入教育教学工作的各环节。高校应结合具体实际情况,在将党建与业务深度融合的同时,把政治建设摆在首位,落实学校党建重点任务,不断推进学习型、创新型、服务型、廉洁型党组织建设,全面提高党员队伍的建设水平和服务能力,通过落细、落小、落实各项业务工作任务,推动党建工作不断取得新进展、新成效,为学校"双一流"建设保驾护航。

参考文献

[1] 中国共产党普通高等学校基层组织工作条例[EB/OL].[2021-04-23].http://politics.people.com.cn/n1/2021/0423/c1001-32085365.html.

[2] 习近平:把思想政治工作贯穿教育教学全过程[EB/OL].[2016-12-08].http://www.xinhuanet.com/politics/2016-12/08/c_1120082577.htm.

[3] 中共中央印发《中国共产党党和国家机关基层组织工作条例》[EB/OL].[2020-01-06].https://news.gmw.cn/2020-01-06/content_33456696.htm.

构建新时代高职院校爱国主义教育体系①

高玉平

（武汉铁路职业技术学院）

摘　要

中华民族正处在从站起来、富起来再到强起来的伟大进程中，加强对青少年的爱国主义教育是实现中华民族伟大复兴的题中应有之义。高职院校作为培养高素质技术技能型人才的摇篮，必须适应新时代的要求，构建具有高职特色的爱国主义教育体系，为培养具有家国情怀和职业素养的时代新人奠定坚实的思想基础：建立学校党委领导下的爱国主义教育组织保障机构；充分发挥思政课在爱国主义教育中的主阵地作用；构建与专业知识和专业技能相融合的课程思政育人体系；构建具有浓郁爱国主义氛围的校园文化体系；建设以爱国主义教育基地为依托的校外实践教育平台。

关键词

新时代　爱国主义教育　体系

一、引言

爱国主义是中华民族在5000多年的历史长河中虽历经磨难却始终屹立不倒的精神支柱，是中华民族从站起来到富起来，再走向强起来的力量之源。习近平总书记在党的二十大报告中明确提出："从现在起，中国共产党的中心任务就是团结带领全国各族人民全面建成社会主义现代化强国、实现第二个百年奋斗目标，以中国式现代化全面推进中

---

① 本文为湖北省教育科学规划2020年度课题"构建新时代高职院校爱国主义教育体系研究"（2020GB158）的阶段性研究成果。

华民族伟大复兴。"这是一个宏伟的目标,需要汇聚全民族的磅礴之力才能实现。为此,我们必须持之以恒地开展爱国主义教育,以爱国主义精神凝聚全国人民的智慧和力量,使亿万人民勠力同心,全力以赴,以排山倒海之势实现党的第二个百年奋斗目标,让中华民族永远屹立在世界强国之林,并为全人类的发展进步做出更大的贡献。

青少年是祖国的未来,是民族的希望,是实现党的第二个百年奋斗目标的主力军。加强对青少年的爱国主义教育历来受到党和政府的高度重视。2019年11月,中共中央、国务院印发的《新时代爱国主义教育实施纲要》(以下简称《纲要》)指出,"新时代加强爱国主义教育,对于振奋民族精神、凝聚全民族力量,决胜全面建成小康社会,夺取新时代中国特色社会主义伟大胜利,实现中华民族伟大复兴的中国梦,具有重大而深远的意义","新时代爱国主义教育要面向全体人民、聚焦青少年","要把青少年作为爱国主义教育的重中之重,将爱国主义精神贯穿于学校教育的全过程,推动爱国主义教育进课堂、进教材、进头脑"。

新时代高职院校如何贯彻《纲要》精神,构建具有高职特色的爱国主义教育体系?一年多来,课题组对湖北省8所高职院校相关部门和3000多名在校学生进行调查研究,我们认为要着重从以下几个方面构建新时代高职院校爱国主义教育体系。

二、建立学校党委领导下的爱国主义教育组织保障机构

《纲要》明确指出,在爱国主义教育中,"各级党委和政府要承担起主体责任",要"进一步健全党委统一领导、党政齐抓共管、宣传部门统筹协调、有关部门各负其责的工作格局"。但课题组对湖北省8所高职院校的调查结果显示,目前没有一所学校成立爱国主义教育领导机构。因此,各高职院校应尽快成立由一名党委委员担任组长的爱国主义教育领导小组,小组成员应包括党委宣传部部长、马克思主义学院院长、教务处处长、学工部部长、校团委书记以及二级学院党总支书记等。爱国主义教育领导小组的职责是制定学校爱国主义教育的目标、步骤、措施及评价标准等,对全校爱国主义教育进行顶层设计、科学规划、统筹安排和监督检查,真正将爱国主义教育落到实处。

三、充分发挥思政课在爱国主义教育中的主阵地作用

毫无疑问,思政课是高职院校爱国主义教育的主阵地。发挥好这个主阵地的作用,对加强高职院校爱国主义教育十分重要。

首先,要建设一支素质优良的思政课教师队伍。"让有信仰的人讲信仰,让有爱国情怀的人讲爱国",这是对思政课教师的一条基本要求。思政课教师只有发自内心地爱党、

爱国、爱人民,对国家和民族有强烈的认同感、荣誉感和责任感,他(她)讲的课才会充满激情、饱含深情,才能打动和影响学生。因此,对思政课教师必须高标准、严要求,提高准入门槛,加大考核力度。建立动态调整机制,将不合格的思政课教师及时清理出去,确保每一个思政课教师都符合政治要强、情怀要深、思维要新、视野要广、自律要严、人格要正的"六要"要求。

其次,思政课的教学内容要与时俱进,常教常新。思政课的教学内容必须密切联系实际,反映社会生活的变化和发展,回应社会和学生的重大关切,做到因时而变,常教常新。比如,对于新时代爱国主义的内涵、主题、本质、基本要求等内容,必须结合党的十九大、二十大精神,讲得清清楚楚,为高校开展丰富多彩的爱国主义教育活动打下良好基础。

再次,思政课的教学手段要不断创新,以适应青年学生的认知特点和兴趣爱好。"00后"学生是在网络环境中长大的一代,他们思维活跃,对网络情有独钟。思政课的教学手段必须适应"00后"学生的这些特点,在运用好传统教学手段的同时,尽可能多运用现代信息化手段,以直观、活泼、生动、有趣的方式呈现教学内容,增强思政课的针对性和亲和力。

最后,思政课教师要自觉成为课程思政的参与者、指导者。思政课堂是对青年学生进行爱国主义教育的主渠道,思政课程是对学生进行爱国主义教育的最佳载体。建设好课程思政,让其他课程教师都参与到爱国主义教育中来,形成教育合力,是当下高职院校爱国主义教育的重要抓手。学校爱国主义教育领导小组要充分发挥思政课教师的作用,让思政课教师深度参与课程思政建设,指导其他课程教师深入挖掘各门课程中蕴含的爱国主义教育元素,使之最大限度地发挥教育功能,做到所有课程与思政课同向同行,携手培育具有家国情怀的高素质技术技能型人才。

四、构建与专业知识和专业技能相融合的课程思政育人体系

2019 年 3 月 18 日,习近平总书记在学校思想政治理论课教师座谈会上强调,要加强大学生思想政治教育,"其他各门课程都要守好一段渠,种好责任田,使各类课程与思想政治理论课同向同行,形成协同效应"。随后,课程思政在高职院校迅速兴起,成为高职院校教学的一个重要组成部分,并取得了不错的成绩。在调查中,课题组发现,近七成学生认为大部分专业课教师利用专业知识对他们进行了爱国主义教育。

但课程思政实施几年来,也存在一些亟待解决的问题。一是少数教师对课程思政的作用认识不足,有敷衍应付的心理;二是部分教师对如何开展课程思政缺乏研究,在实施过程中常常出现课程内容与思政内容两张皮、不相干的情况,为了"思政"而"思政"。比如,有的教师为达到"思政三分钟"的要求,每次在课前念一段习近平总书记的讲话或播

放一则时政新闻,全然不考虑这些内容与教学内容是否存在关联性,久而久之,学生容易产生厌倦情绪。

鉴于以上情况,我们认为当下构建与专业知识和专业技能相融合的课程思政教学体系十分紧迫、十分必要,可以从如下方面做出努力。

第一,建立课程思政培训机制。每学期由学校教务处、人事处和马克思主义学院共同对全校教师开展课程思政培训工作,让每一位教师真正认识到实施课程思政的重要性与必要性,使他们了解并掌握实施课程思政的基本原则、方法和手段,激发他们开展课程思政的积极性、主动性,从根本上解决思想认识问题。

第二,形成思政课教师与其他课程教师共同开发课程思政资源的联动机制。发挥思政课教师的专业特长,组织思政课教师与其他课程教师共同研究、开发课程思政教学资源,建设并不断丰富课程思政案例库,为其他课程开展思想政治教育和爱国主义教育创造条件。

第三,发挥优秀教师的示范作用,形成全员育人的大思政格局。通过定期开展教学技能大赛、课程思政示范课等,大力宣传、推广实施课程思政的好经验、好做法,通过优秀教师的示范作用,让每一位教师都做到利用课程中的爱国主义元素对学生进行爱国主义教育,并将劳动精神、劳模精神、工匠精神与爱国主义精神有机结合,将爱国的情感植根于学生心灵深处。

第四,建立科学的课程思政评价机制。学校相关部门通过随堂听课、教案检查、案例分享、学生评价等方式,定期对课程思政实施情况进行检查评比,并将评比结果纳入教师业绩考核之中,形成对课程思政的常态化管理,使各门课程都能在爱国主义教育中发挥积极作用。

五、构建具有浓厚爱国主义氛围的校园文化体系

校园是青年学生最主要的学习和生活场所。好的校园文化氛围在培育学生爱国主义精神方面具有润物细无声的独特作用,因此好的校园文化氛围是新时代高职院校爱国主义教育的重要内容。

校园文化建设的主体部门是学校宣传部、校团委、学工部和二级学院。在学校爱国主义教育领导小组的统一领导下,各个部门分工协作,发挥各自不同的职能作用。宣传部主要承担校园文化环境的塑造工作,如对校园道路、广场、建筑物的命名,对校园雕像、浮雕、标语、专栏、电子宣传牌风格与内容的设计,对校报、校园广播、校园网络、学校微信公众号的策划与管理等。通过科学规划、精心设计,营造一种充满家国情怀、积极向上的校园文化氛围。校团委、学工部和二级学院则主要承担爱国主义教育活动的组织与开展工作,如每周一的升旗仪式,国庆节、建党节、建军节、五四青年节等重大节日的庆祝活

动,烈士纪念日、抗日战争胜利纪念日、南京大屠杀死难者国家公祭日等法定纪念日的纪念活动,以及围绕这些节日和纪念日举办的主题班会、红歌比赛、演讲比赛、征文比赛、书法比赛、影视作品观赏、时政要闻讲解等活动。

六、建设以爱国主义教育基地为依托的校外实践教育平台

大学生爱国主义教育不能仅仅局限于校内,还应充分利用爱国主义教育基地和合作企业等社会资源,建立稳定的校外实践教育平台。学校爱国主义教育领导小组通过对学校所处地理位置和环境的分析、研判,遴选一批与学校距离较近或交通较方便的单位和企业作为校外爱国主义教育实践基地,定期开展校外实践教育活动,以增加爱国主义教育的实效性。

首先,依托爱国主义教育基地开展教育实践活动。爱国主义教育基地是最直观、最立体的历史教科书,是对青年学生进行爱国主义教育的宝贵资源,被称为党和国家的"红色基因库"。

1949年以来,党和国家高度重视爱国主义教育基地的建设。2021年,在庆祝中国共产党成立100周年之际,中央宣传部新命名111个全国爱国主义教育示范基地。命名工作紧密结合党史学习教育、"四史"宣传教育,突出百年党史重要事件、重要地点、重要人物。此次命名后,全国爱国主义教育示范基地总数达到585个。截至2022年,武汉市有全国爱国主义教育示范基地7个,省级爱国主义教育基地26个,武汉市委市政府命名的爱国主义教育基地88个。这些爱国主义教育基地从不同角度、不同层面记录着中华民族自强不息的历史文化和精神血脉,是中国共产党人的精神殿堂,是中国人民的精神家园,是中华民族的精神高地。

高职院校如何利用爱国主义教育基地对学生进行爱国主义教育?我们认为需要做好以下几个方面的工作。一是以学校的名义与爱国主义教育基地签订长期合作协议,形成共建共享的伙伴关系,如学校为基地建设发展献计献策,利用学校技术和人才优势为基地信息化、现代化提供技术支持。二是学校相关部门通过与爱国主义教育基地的沟通交流,充分利用信息化手段,组织学生参观网上展馆,或由爱国主义教育基地讲解员带领学生云游基地,实现远程教学、云参观。三是根据爱国主义教育基地的不同属性联合开展主题教育活动。通过不同形式、不同内容的主题活动,青年学生能从中国革命历史知识中接受爱国主义教育,感恩先人,感恩前辈,努力学习,开创中华民族更加灿烂的明天。

其次,联合合作企业延伸爱国主义教育。每所高职院校都有数量众多的合作企业,多数学生毕业前的一段时间是在合作企业中度过的。如何利用这些合作企业延伸爱国主义教育?我们认为,学校需要同合作企业进行认真的磋商和策划,实现学校与企业在爱国主义教育上的无缝对接。

合作企业是对学生进行劳动精神、劳模精神和工匠精神教育的绝佳场所,而劳动精神、劳模精神和工匠精神正是新时代对青年学生进行爱国主义教育的重要内容。2020年11月,习近平总书记在全国劳动模范和先进工作者表彰大会上指出:"劳模精神、劳动精神、工匠精神是以爱国主义为核心的民族精神和以改革创新为核心的时代精神的生动体现,是鼓舞全党全国各族人民风雨无阻、勇敢前进的强大精神动力。"

青年学生在企业实习、实践过程中,通过深入了解行业、企业中劳动模范、技术能手的先进事迹,近距离观察企业劳动者吃苦耐劳、兢兢业业的工作态度和工作作风。通过劳动模范、技术能手的传、帮、带和示范作用,以及校企双方定期举行的学生实习实践总结评比活动,学生能在劳动实践中领悟劳动精神、劳模精神和工匠精神的真谛,逐步树立劳动光荣、劳动美丽、劳动崇高的价值理念,为他们日后在工作岗位上爱岗敬业、扎实工作、奉献社会奠定良好的思想基础。

七、结束语

构建高职院校爱国主义教育体系是贯彻落实《纲要》的必然要求。需要建立学校党委领导下的爱国主义教育组织保障机构,充分发挥思政课在爱国主义教育中的主阵地作用,构建与专业知识和专业技能相融合的课程思政育人体系,构建具有浓郁爱国主义氛围的校园文化体系,建设以爱国主义教育基地为依托的校外实践教育平台。高职院校必须持之以恒地抓好这个体系建设,为培养具有深厚爱国主义情怀和良好职业素养的时代新人做出新的更大的贡献。

参考文献

[1] 徐茂华,潘艾冬.中国共产党思想政治教育:百年回顾及基本经验[J].重庆理工大学学报(社会科学版),2022(3):30-38.

[2] 王喜英,高顺起."双高计划"背景下高职院校思政课课程改革探析[J].2023(6):86-88.

高职院校铁路文化的传承与创新
——以武汉铁路职业技术学院为例

汪雅芸　吴佳美

（武汉铁路职业技术学院）

摘　要

我国的铁路事业历史悠久，在发展的过程中形成了独特的铁路文化，铁路文化是中华民族宝贵的精神财富，具有丰富的时代内涵。铁路文化是铁路行业院校思想政治教育建设的基点，对铁路人才的培养具有重要的启示意义。本文讨论铁路文化的内涵及育人价值，分析高职院校铁路文化传承与创新的现状，并提出了几点思考。

关键词

铁路文化　内涵　高职院校　传承与创新

一、引言

习近平总书记在全国高校思想政治工作会议上指出，要加强高校思想政治工作，注重以文化人，以文育人。中国铁路是在民族独立、人民解放、国家富强的伟大征程中逐步发展壮大起来的，在探索和推进筑路报国、兴路强国的伟大实践中，谱写了波澜壮阔的发展篇章，形成了具有鲜明特色的铁路文化，发挥着"根"与"魂"的作用。铁路文化不仅是新时代社会主义文化的重要组成部分，而且是我国铁路建设与经济飞速发展的精神推动力，更是职业院校生动形象的教学资料，蕴含着丰富的育人价值。

进入新时代，在"一带一路"背景下，中国高速铁路飞速发展，为铁路文化注入了新的内涵，赋予了新的生命。武汉铁路职业技术学院作为一所铁路特色鲜明的国家级示范性高等职业院校，有责任和义务将中国优秀的铁路文化融入职业教育中，让学生了解铁文化的内涵及相关知识,坚定文化自信,真正把个人的理想追求融入振兴国家和民族的铁路事业中,使我国璀璨的铁路文化得以传承。

二、铁路文化的内涵

铁路文化是指由铁路运输生产实践衍生出的物质文化和精神文化的总和。铁路文化是我国行业文化中特有的一种文化形态,是社会主义先进文化的重要组成部分,也是中华民族宝贵的文化遗产和精神财富。铁路文化作为一种典型的行业文化,具有行业性、独立性、统一性、综合性等显著特征。从我国第一条自主设计施工的京张铁路到现如今成为国家名片的高铁,它们都是一代代铁路人不断学习和掌握与铁路相关的各种知识和技术,艰苦奋斗、追求卓越的结果,体现了铁路人强烈的主人翁意识和鲜明的主体精神。

三、高职院校铁路文化传承与创新现状调查及分析

本文以武汉铁路职业技术学院在校各专业、各年级的学生为研究对象,通过 QQ 及微信等形式发放并收集问卷,共收集有效问卷 1979 份。有效样本数量能满足研究需求,问卷数据结果有效。根据本次调研的目的,笔者主要设计了三大具体问题。以下是相关结果和分析的简要介绍。

(一) 现状分析

通过问卷调查,笔者得知,非常了解或比较了解新时代铁路文化内涵的学生占大多数,占比分别为 15.29%、50.51%。但值得注意的是,有将近 10% 的学生不了解铁路文化(见图1)。经过对比分析,笔者发现,选择这一选项的多数人为大一新生,可能他们接触的铁路文化知识较少。对于传承与创新铁路文化的必要性,近 99% 的学生认为非常必要和有必要(见图2)。

数据表明,大多数学生认为他们比较了解新时代铁路文化,这可能与武汉铁路职业技术学院为铁路专业特色院校相关,毕竟学校的精神为"铁的理想信念、铁的纪律作风、铁的意志品质、铁的担当作为"。笔者根据访谈得知,他们所理解的铁路文化即铁路精神,是铁路运输历史中积淀下来的宝贵的精神财富。铁路精神既有历史的传承,又有时代的创新,在不同的时代侧重有所不同。对于新时代铁路精神的主旨"安全优质、兴路强国",他们其实并不太了解。

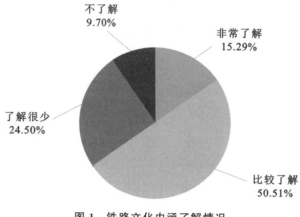

图1　铁路文化内涵了解情况

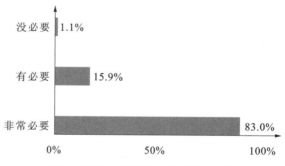

图2　铁路文化传承与创新的必要性

(二) 思政融合

调查问卷结果显示,76.05%的学生表示在课堂讲授或实训中,教师经常融入铁路文化,22.90%的学生表明教师有时融入铁路文化(见图3)。通过访谈,笔者得知,教师经常融入的铁路文化为爱国奉献、艰苦奋斗、敢于创新、勇创一流等精神。有位学生告诉笔者,在实训过程中,教师一直强调现在中国铁路所取得的辉煌成就极其不易,这是一代代铁路人不断奋斗、不断探索、不断改革、不断创新的结果,天上是不会掉馅饼的,想要做出一番成就,就必须撸起袖子加油干,教师的这番话对他影响颇深。

56%的学生认为课程思政对学生了解新时代铁路文化帮助大,35%的学生认为有一定帮助(见图4),这说明学校开展的课程思政教育工作对传承与创新新时代铁路文化效果显著。

在教学过程中,教师需要将我国优秀的铁路文化与课程思政有机融合,达到润物细无声的目的,铸造未来铁路人的精神之魂,鼓励未来铁路人发扬艰苦奋斗、不畏艰难、勇往直前的精神。作为铁路特色专业院校,武汉铁路职业技术学院必须与时俱进,加强学习,提升学生的综合素质,让学生传承铁路文化,创新和建设与之相适应的铁路文化体系,从而使之与我国高速铁路的发展相适应。

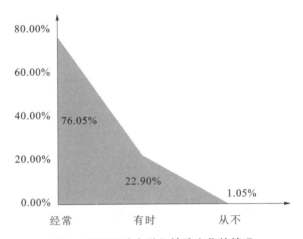

图3　课程思政中融入铁路文化的情况

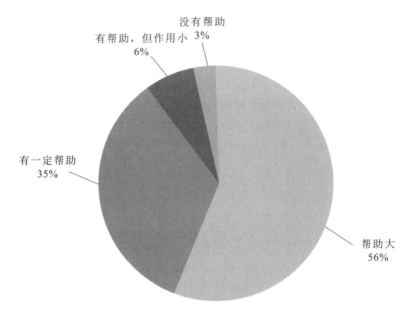

图4　课程思政对学生了解铁路文化的帮助作用

(三)资源手段

通过何种资源手段更好地传承与创新新时代铁路文化是本次调查中最核心的问题。调查结果表明,学生目前了解铁路文化的主要途径是参与学校教学和阅读文献资料,占比分别为77.94%、51.47%。选择通过长辈讲述了解铁路文化的学生则占比较少,为21.18%,选择该选项的多数是家庭成员中有铁路行业从业经验的学生。选择通过参观铁路博物馆及访问网络平台了解铁路文化的学生占比接近,占比都约50%

(见图 5)。通过访谈,笔者得知,对于学校建成的铁路文化博物馆,他们都十分喜欢,博物馆里史料丰富,对于他们传承与创新铁路文化起着重要作用。但是目前博物馆采取预约制,学生不能随时参观,因此一些学生希望多开放参观场次并加强馆内互动。

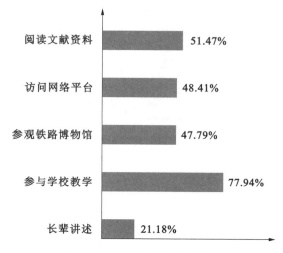

图 5　目前了解铁路文化的途径

通过问卷调查,笔者得知,相较于通过传统方式,即教师在课堂上讲解新时代铁路文化知识,学生更愿意自己通过抖音短视频、微信公众号等平台了解铁路文化,占比分别为82.50%、46.48%(见图6)。在信息化时代,学生能够通过互联网更快地接触到各种信息资源,并且这些互联网平台更具有趣味性。因此,如何利用互联网资源,更好地传承与创新新时代铁路文化是值得我们思考的问题。

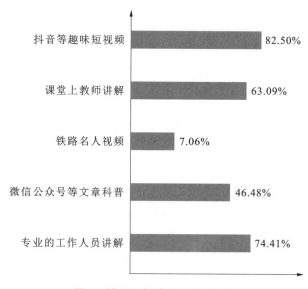

图 6　希望了解铁路文化的途径

四、铁路文化在高职院校传承与创新的思考

铁路院校要注重突出学生的主体性地位,积极引导学生成为铁路文化的传播主体,鼓励他们不断结合专业实践以及生活认知等,创新地运用新颖且高效的传播技术手段,更好地助推铁路文化的有效全面传承。关于弘扬铁路行业精神,传承新时代铁路文化,笔者在此提出了四点思考。

(一)文化场馆传承铁路文化

武汉铁路职业技术学院铁路文化博物馆(见图 7)于 2021 年 6 月改造建成。2022 年,中国铁道学会公布第二批"全国铁路科普教育基地"名单,铁路文化博物馆被认定为全国铁路科普教育基地。铁路文化博物馆共分为五个展区,集科普教育、文化研究、陈列展示功能于一体,采用多媒体等现代化手段,通过展示图片、实物和模型,详细介绍了中国铁路发展、铁路技术、铁路安全、铁路精神及学校校史文化,较好地发挥了铁路文化博物馆的文化传播和科普教育功能,是学校对外宣传和交流的重要窗口。

图 7 铁路文化博物馆

铁路文化博物馆是铁路文化传承与创新的重要平台,可瞄准铁路前沿技术,进一步挖掘和利用铁路特色资源,向广大师生和社会各界宣传普及铁路科学知识,努力讲好铁路故事,弘扬铁路精神,争当红色基因的传承者、铁路文化的宣传者和先进教育的领跑者。例如,可面向学校师生举办铁路文化博物馆开放日活动,也可以把课堂由传统的教室"搬"到铁路文化博物馆,让师生在了解铁路文化的过程中传承中国铁路人爱国报国强国的红色基因,发扬中国铁路人百年来百折不挠、勇当先锋的伟大精神。

(二)课程思政融入铁路文化

将铁路文化有机融入高职院校的思想政治工作中,充分发挥中国铁路文化的育人作用,对增强新时代青年学生的文化自觉和文化自信起着重要作用。教师要把铁路文化精神内嵌于各门课程的教学中,思考如何在"大思政"格局下,将传授学科知识与传承铁路文化相结合。教师需要挖掘各门课程中蕴含的铁路精神,将铁路文化融入课堂教学各环节,实现课程思政的目标,助力学生全面发展。

课程思政融入铁路文化不仅能帮助学生更好地了解中国铁路历史,而且能让学生明白作为未来的铁路人,他们肩负着时代重任,要以永不懈怠的精神状态和勇往直前的奋斗姿态,继续朝着实现中华民族伟大复兴的宏伟目标奋勇前进。铁路文化与课程思政的有效融合,能促使学生更好地传承新时代铁路文化,能促使学校发挥铁路文化铸魂育人功能,达到育人目标。

(三)实践活动渗透铁路文化

铁路院校职业教育具有显著的实践特征,实践活动可以更好地带领学生体会新时代铁路文化。传统铁路人才的培育以理论为主,很难让学生对新时代铁路文化有深刻的理解。各类实践活动为学生提供了展示自我的机会,能够显著提高其学习的主观能动性。例如,可以利用学校特有的铁路相关专业实训中心,开展丰富多彩的实践活动(见图8),也可以邀请企业导师或优秀毕业生指导实践,在锻炼学生专业技能的同时,打造铁路特色院校人文教育创新模式。

图8 学生在专业实训中心参加实践活动

校企合作也为学生提供了接触新时代铁路文化的全新机遇,这也是高等职业教育改革与发展的必由之路。学校组建了以20余家轨道交通运输和研发企业为主体的职业教育基地,建立了可持续发展的校企合作良性运作机制,实现了教育资源的优化组合。学生可以在实践中加深对理论的理解,熟悉生产、管理的具体任务,积累丰富的经验,提高解决问题的能力。学校则可以准确、迅速地为学生传授新经验、新知识,通过校内、校外的结合,在校企合作中渗透新时代铁路文化,提高学生的文化认同感,培育契合社会发展需求的高技能铁路人才。

(四)信息手段创新铁路文化

在信息化时代,各种信息化手段层出不穷。学校应整合各方优势资源,以"互联网+"作为推动战略,通过多元化渠道,例如抖音、微信公众号等平台宣传新时代铁路文化、铁路名人事迹等,创新铁路文化传承模式,坚持人文先行,吸引熟悉铁路文化的相关技术人员、管理人才、优秀校友到学校与学生面对面进行交流,加深学生对铁路文化的理解和认同。

学校可以利用"一带一路"的契机以及中国高铁"走出去"的强大影响力,组织开展一系列科普体验、实训项目,宣传我国铁路发展取得的瞩目成就,传递铁路人的价值观,让学生领悟铁路文化的内涵。学校积极响应"一带一路"倡议,提出"高铁到哪儿,服务就到哪儿"的理念,与泰国教育部职业教育委员会签订了合作备忘录,开展了"中文+高铁技能"研习营(见图9)。

图9　学校与中泰研习营进行视频连线

铁路特色院校学生应传承和创新中国铁路文化,努力讲好中国故事,做好文化使者。同时,学校要加强国际合作,与铁路事业发达国家和地区的企事业单位建立合作关系,引入优质网络资源,引入先进的管理模式,调动各方参与的积极性,邀请国外优秀的技术人员、专业教师通过互联网进行授课。

五、结束语

铁路文化对于铁路人才的培养具有重要的意义。相关铁路特色职业院校应将优秀、厚重的铁路文化作为重要的教育资源,将其有机融入教育工作中,提升新时代青年学生的文化自信,发挥铁路文化铸魂育人的作用,帮助新时代青年学生解锁中国优秀文化的基因密码,实现高校立德树人根本任务,也为其他特色鲜明职业院校的人才培养提供经验和参考。

参考文献

[1] 中共中央 国务院印发《关于加强和改进新形势下高校思想政治工作的意见》[EB/OL].[2017-02-27].https://www.gov.cn/xinwen/2017-02/27/content_5182502.htm.

[2] 韩旭红,陈晨.中国铁路文化精神的育人价值及实现路径探析[J].石家庄铁道大学学报(社会科学版),2020(3):90-95.

[3] 陈宏运.铁路文化的内涵与特征[J].理论学习与探索,2012(2):44-45.

[4] 李国平,刘广武.铁路文化的内涵浅析[J].中国铁路,2008(7):57-59.

[5] 胡欣.地方铁路文化资源在交通类高校思想政治教育中的价值研究——以南京为例[J].黑龙江生态工程职业学院学报,2018(3):111-113.

高职院校样板党支部建设的探索与实践

邓玉皎 李伟

(武汉铁路职业技术学院)

摘 要

高职院校党支部是高校基层党组织的重要组成部分之一,既承接着党对基层组织的领导,又担负着立德树人、教育管理、发展和培育新一代人才的重任。在新的时代背景下,部分高职院校的党建工作还存在一些问题,如建设不规范,理论教育不深入,党支部书记的履职能力还需要提高,党支部工作与业务的融合度不够等。为了提高基层党组织的重要性,更好地完成党赋予的重大使命,我们需要对党建工作样板支部进行探讨,为高职院校党建工作提供新的实践经验。

关键词

高职院校 党支部 基层党组织建设

一、引言

在当前的社会背景下,随着国家对教育事业的重视,高职院校得到了快速发展,为社会输送了大量的高素质人才。高职院校党支部作为基层组织,担负着教育和管理广大教师和学生的重要任务,因此,高职院校必须重视并加强党支部建设。

高职院校党支部是党在高职院校中的重要基层组织,是贯彻落实党的方针政策的战斗堡垒。加强高职院校党支部建设有利于提升高职院校教师和学生党员队伍的整体素

---

① 本文为武汉铁路职业技术学院2020年度校招标课题"高职院校党建工作样板支部建设研究"(ZZB202001)成果之一。

质,充分发挥党组织在高职教育中的重要作用,有利于推动高职教育教学改革,提高高职教育教学质量,有利于促进社会主义和谐社会建设,培养德智体美劳全面发展的社会主义建设者和接班人。

二、高职院校党支部建设的重要意义

加强高职院校党支部建设是全面贯彻落实党的教育方针和人才培养方案的重要保障,是提升职业教育质量、服务社会经济发展、培养德智体美劳全面发展人才的重要举措。

(一)有利于提升高职院校党员队伍的整体素质,充分发挥党组织在高职教育中的重要作用

目前,我国高职院校党员队伍整体素质还有待提高,少数高职院校党员队伍结构不够合理。随着高职院校规模不断扩大,教师数量不断增加,教师党员人数也不断增加,教师党员在高职院校全体教师中的占比达到了1/4左右,教师党员人数多、分布广、数量大。在高职院校中建立健全党支部,有利于加强对党员的教育、管理和监督,提高他们的思想政治素质和党性修养,有利于发挥广大党员在工作中的先锋模范作用,有利于增强党支部的凝聚力和战斗力,充分发挥党组织在高职教育中的重要作用。

此外,加强高职院校党支部建设还可以提高党员教师队伍的整体素质和专业技能水平。例如,可以通过对高职院校党支部成员进行培训、开展相关活动等形式提高广大党员的理论水平和业务能力;可以通过落实"三会一课"制度,开展"两学一做"学习教育,推进"两学一做"学习教育常态化、制度化等形式加强对党员教师的日常管理和监督工作;还可以通过开展党建课题研究、强化党支部党建活动等形式提高党员的综合素质。

(二)有利于推动高职教育教学改革,提高高职教育教学质量

当前,职业院校在深化教育改革过程中,需要把职业教育的办学思想与学校实际情况结合起来,并不断完善人才培养方案,这就要求职业院校党支部积极发挥自身的作用,推动教育教学改革,提高高职教育教学质量。

加强高职院校党支部建设的作用主要体现为如下几点:一是有利于学校强化立德树人的根本任务,把思想政治工作贯穿于学校工作的全过程,引导教师自觉用习近平新时代中国特色社会主义思想武装头脑、指导实践、推动工作;二是有利于学校将党建工作和

业务工作有机结合起来,促进教师队伍建设与专业建设的深度融合;三是有利于发挥党员在专业技术方面的优势和作用,推动课程改革与专业改革;四是有利于将党员队伍打造成教书育人、科研创新、社会服务等的骨干力量。

总之,高职院校只有加强党支部建设,才能充分发挥其职能作用,才能在开展职业教育工作的过程中,真正把立德树人作为根本任务落实到各项工作中。因此,职业院校必须高度重视加强党支部建设的重要意义。

(三)有利于促进社会主义和谐社会建设,培养德智体美劳全面发展的社会主义建设者和接班人

高职院校党支部作为基层党组织,可以更好地发挥思想政治工作优势,通过思想政治教育增强党员的党性修养,引导教师树立正确的人生观和价值观,以德立身、以德立学、以德施教、以德育德。学校可以通过开展形式多样的主题教育活动,引导党员教师自觉践行社会主义核心价值观,努力为社会培养更多的高素质人才。

同时,高职院校党支部还可以通过关心关怀教师生活、学习和工作,营造和谐的人文环境和育人氛围;通过举办文体表演、志愿服务等活动,增强高职院校师生间的感情和凝聚力,营造和谐的师生关系;通过开展丰富多彩、积极向上的文体活动、志愿服务活动,激发广大师生干事创业的热情,促进高职院校稳定发展。

(四)有利于发挥党员的先锋模范作用,为高职院校培养合格的人才

在高职教育中,党支部肩负着培养社会主义优秀建设者和可靠接班人的重任。在日常工作中,党支部要引导广大党员教师充分发挥先锋模范作用,具体包括以下几点。

一是要严格按照党的组织原则开展入党申请工作。高职院校党支部在组织教师申请入党时,一定要严格按照党的组织原则进行,并注重入党动机、政治觉悟、思想品质和工作能力等方面的考察,避免出现少数教师"带病"入党现象。二是要严格按照党的组织原则进行党员发展工作。高职院校教师党员发展工作必须严格按照党的组织原则进行,党支部要求党员必须按照党的组织原则进行入党申请,并严格按照党章规定的程序发展党员。三是要严格按照党的政策办事。在高职院校党支部建设中,党员一定要严格执行党的政策,要坚持依法办事,不能超越法律界限行使权利。四是要严格按照党的作风建设要求开展工作。在高职院校党支部建设中,党员必须严格遵守党的作风建设相关规定,时刻牢记党的宗旨和性质。高职院校党支部一定要严格按照党的制度要求对党员进行监督管理,特别是对那些存在问题较多、群众意见较大的党员干部,应该加大监督管理力度。

三、高职院校党支部建设面临的问题和挑战

(一)支部建设不规范,支部书记能力有待提高

部分高职院校的党支部书记还没有真正认识到自己肩负的责任和使命,对党建工作的理解不够深刻,认识不到位,开展工作时缺乏系统性和规范性。这主要体现为三点:一是部分党支部书记对党建工作重视程度不够,支部组织活动开展得不够丰富;二是部分党支部书记对党员干部的管理和监督不到位,导致部分党员干部在思想上放松了对自己的要求;三是部分党支部书记对支部建设的理解不够深刻,只是从形式上开展一些活动,而没有把党建工作与学校中心工作有效融合。

(二)理论教育不深入,理论学习载体形式单一

高职院校党支部缺乏系统的理论教育学习载体,对理论学习没有引起足够重视。有的党支部在开展思想政治教育时缺乏系统性、规范性和创造性;有的党支部没有结合自己的教学岗位开展经常性的党员教育活动;有的党支部虽然把党建工作与教育教学结合起来,但是对如何将党建工作和教学业务工作结合起来没有深入思考。这些问题导致党支部的学习活动形式单一、内容枯燥、效果不佳。

(三)党员意识淡薄,党性修养有待加强

部分高职院校党员在思想上存在着政治意识淡薄、大局意识不强、责任意识不强和奉献意识不足等问题。有的党员在工作上对自己的要求不高,没有严格按照党员标准要求自己;有的党员在工作上缺乏创新意识,在思想上墨守成规,对新形势、新问题认识不足;有的党员在政治上存在着片面性和主观性;还有的党员对个人利益得失看得较重,对集体利益考虑得较少。以上问题导致部分党支部的凝聚力和战斗力都较薄弱。

(四)支部建设与业务工作缺乏融合,作用发挥不明显

部分高职院校党支部还存在着组织活动形式单一、内容枯燥、效果不好等问题,未能充分发挥党支部在教育教学和学生管理中的战斗堡垒作用。

一方面,部分高职院校的党支部还未真正发挥出其在教书育人、管理育人和服务育人方面的作用;另一方面,部分高职院校的党支部组织开展活动的形式比较单一,内

容较为枯燥。这些问题导致高职院校党支部在参与学校中心工作时缺乏主动性和积极性。

(五)支部建设与信息化建设融合不够,存在信息孤岛现象

随着互联网时代的到来,高职院校党支部面对新形势、新情况和新挑战,必须顺应时代发展趋势和要求,积极探索信息时代下的党建工作模式。目前,在信息化建设方面,部分高职院校还存在着基础设施不完善、资源配置不平衡和信息共享不充分等问题。部分高职院校党支部的信息化建设工作做得不到位,存在着信息孤岛现象,没有真正形成党建工作与信息化建设相互促进、共同发展的局面。

四、高职院校党支部建设的实践路径

创建高职院校党建样板党支部是贯彻落实习近平总书记在全国高校思想政治工作会议上的讲话精神和中共中央、国务院印发的《关于新时代加强和改进思想政治工作的意见》的具体举措,是高职院校基层党组织贯彻落实党的二十大精神,全面提高党员干部政治素养和能力水平,促进党员干部带头践行社会主义核心价值观,以党建引领学校事业发展的有效举措。

高职院校党支部建设样板支部是一个系统性工程,既需要统筹考虑创建标准和创建要求,也需要在创建过程中不断总结经验、完善策略、提高认识。高职院校要坚持以习近平新时代中国特色社会主义思想为指导,通过样板支部建设来引领党支部规范化建设,提升党支部书记履职能力,推进党支部党建工作与业务工作深度融合,为实现把党支部建设成为教育教学和管理服务的坚强堡垒这一目标贡献力量。

(一)树立"样板支部"意识,以样板支部建设引领党支部规范化建设

在高职院校基层党组织建设中,要树立"样板支部"意识,通过样板支部建设带动整个党支部规范化建设水平的提升。

一是要明确创建目标,制定符合自身实际的创建方案。高职院校党支部的创建工作要根据不同的年级、不同的群体等,探索符合实际情况的创建方案,以样板支部建设带动整个党支部规范化建设水平的提升。二是要加强学习,不断提升基层党组织负责人的党建工作能力。高职院校基层党组织负责人是党建工作的第一责任人,要把基层党组织建设作为一项重要任务来抓。三是要选优配强支部书记队伍,发挥好书记的作用。要按照《中国共产党支部工作条例(试行)》和《中国共产党党员教育管理工作条例》的要求,选优配强支部书记队伍,重视对支部书记的培养和教育培训工作。四是要强化示范引领作用,发挥好党员干部和教师先进典型的示范带动作用。

(二)建立示范党支部机制,以示范党支部建设提升党支部书记履职能力

高职院校要按照示范党支部的标准,组织开展样板支部创建活动,建立起示范党支部工作机制。

一是要加强思想政治教育,将样板支部创建与教师党员发展相结合,把党的创新理论、基本知识和基本技能作为重点学习内容,推动党支部书记提高思想认识和理论水平,自觉践行党的根本宗旨;二是要加强党建业务学习,结合样板支部创建要求,通过支部学习会、主题党日、集中研讨等多种形式,组织支部书记和党员学习党务知识、业务知识和政策法规等内容,不断提高党支部书记的业务能力和政策水平;三是要加强调查研究,深入基层一线调研,了解掌握师生的思想动态和需求所在,及时总结提炼工作中的好经验、好做法;四是要加强宣传引导,通过召开经验交流会、实地观摩等多种形式宣传推广样板支部的先进做法、典型经验和典型案例;五是要加强领导指导,各党支部要严格按照示范党支部的创建标准和要求来落实创建工作;六是要加强制度建设,结合样板支部创建活动的开展,不断健全完善相关制度体系,保证样板支部创建活动有章可循、规范运行。

(三)推进样板支部与业务工作深度融合,以党建引领学校事业发展

高职院校党支部建设样板支部是与教学业务工作深度融合的过程,是党支部书记在党建引领下发挥示范带动作用的过程,也是党支部发挥战斗堡垒作用,为学校发展提供坚强政治保证的过程。因此,高职院校党支部要在党组织建设中发挥战斗堡垒作用,关键是处理好党建与业务工作的关系。

一要坚持把政治建设放在首位,引导教师党员自觉加强党的理论学习,提高思想政治素质;二要坚持把教师党建作为基础工程来抓,在业务工作中强化对教师党员的思想引领和政治培养,让教师党员成为师生信赖的榜样;三要坚持把教师党建作为核心任务来抓,在业务工作中强化对教师党员的专业技能和职业素养培养,让教师党员成为学生喜爱、群众信赖的示范力量;四要坚持把党组织建设作为重要内容来抓,在业务工作中强化对党组织建设的指导与考核,让党员干部成为引领发展的示范力量;五要坚持把党建作为重要工作来抓,在业务工作中强化对党建工作的考核与评价,使基层党组织成为推动学校事业发展的示范力量。

五、结束语

高职院校党支部要充分发挥其战斗堡垒作用,为党育人,为国育才。为实现这个目标,党支部要开展一系列活动,打造样板支部。在活动中,党支部要把思想政治教育和专业建设有机结合起来,以思想政治教育为先导,以专业建设为抓手,提升党建工作水平。通过加强学习教育,提升党员的理论水平;通过推进党建工作,提升党员的素质;通过健全党建工作机制,提升支部建设水平;通过强化队伍建设,提升党支部的活力。高职院校党支部只有做出上述努力,才有可能真正把样板支部打造成示范支部、标杆支部和品牌支部。

参考文献

[1] 宋建军.高校"全国党建工作样板支部"培育创建单位的探索与实践——以安徽工程大学为例[J].铜陵学院学报,2021(5):68-70,78.

[2] 张浩兴."全国党建工作样板支部"建设的探索与实践[J].哈尔滨职业技术学院学报,2022(5):113-115.

[3] 陈俊,王自晔.样板党支部建设视域下高校基层党建工作的探索与实践[J].活力,2022(10):34-36.

新时代高职院校"立德树人"根本任务的实现路径研究[①]

● 李 黎

● (武汉铁路职业技术学院)

摘 要

 立德树人作为新时代高职院校的立身之本,明确了高职教育的历史使命和根本任务,顺应了高职教育内涵式发展的时代要求。本文阐述了新时代高职院校立德树人的价值底蕴,深入分析了新时代高职院校立德树人的现实境遇,客观地揭示了当前高职院校在育人目标、多方协同育人机制、育人环境优化等方面存在的问题,指出高职院校要以立德树人为引领,加强师德师风建设,健全立德树人协同育人课程体系,激发社会多方力量与学校共同育人,开展特色校园文化建设,从多方面找到高职院校立德树人根本任务的实践路径,以期为高职院校落实立德树人根本任务提供借鉴与参考。

关键词

 高职院校 立德树人 根本任务 实现路径

一、引言

 国无德不兴,人无德不立。党的十九大报告明确指出,要全面贯彻党的教育方针,落实立德树人根本任务,培养德智体美劳全面发展的社会主义建设者和接班人。党的二十大报告明确提出,培养什么人、怎样培养人、为谁培养人是教育的根本问题,育人的根本在于立德,要全面贯彻党的教育方针,落实立德树人根本任务。2020年,中共中央、国务

[①] 本文为2022年度湖北省中华职业教育社课题研究项目"高职院校立德树人现实问题及对策研究"(HBZJ2022058)成果之一。

院印发了《深化新时代教育评价改革总体方案》,再次强调要坚持把立德树人成效作为根本标准,推动落实立德树人根本任务。新时代,高职院校落实立德树人根本任务,就要多渠道、多形式地开展德育工作,培养能够担当时代大任、德才兼备的社会主义建设者与接班人。

二、新时代高职院校立德树人的价值底蕴

(一)高职院校立德树人是增强高职院校立德树人导向的现实需求

经济全球化、社会转型的价值多元化以及互联网的普及,为高职院校立德树人工作带来了前所未有的挑战。面临这些挑战,高职院校要对教育内容、教育理念和教育方式方法进行更新,要从体制机制层面做出根本性变革。这主要表现为以下几点。一是育人内容的更新变化。面对纷繁复杂的多元价值观,主流意识形态的引领显得尤其重要。在新时代,高职院校强化思想价值引领的着力点首先在于将马克思主义和中国特色社会主义理论内涵深深地融入学生的思想价值体系。同时,高职院校还要加强"四史"教育,从历史逻辑的层面对学生进行中国革命、建设和改革的道路发展进程的教育,有效传播主流意识形态。二是在育人方式上,高职院校要改变德育工作仅依靠传统的单向传授的模式。新时代,高职院校需要将理论与实践紧密结合起来,建立起课堂传授、润德文化、知行合一为一体的价值引领体系,实实在在地增强育人效果。三是在育人机制上,高职院校需要理顺各个部门、环节、主体之间的关系,通力协作,共同应对现实挑战,提高思想引领力。高职院校立德树人要从目标、过程、反馈等维度构建引领机制、协同机制和成效评估机制。

(二)高职院校立德树人是强化高职院校立德树人、整体协作育人的内在要求

高职院校立德树人是复杂的系统工程。长期以来,一些高职院校中的部门一直存在各司其职的思维惯性,采用的是各自为战的工作方式,这导致不同部门之间的横向协调严重不足,各部门在各自的"点"上用力,无法统一形成"面"的格局,育人力量配合度不够,育人效果不佳。因此,高职院校就要遵循高职教育的规律和高职学生的成长特点,建立系统化的运行方式,优化系统内各要素的结构关系,促进各要素互相配合、多方联动。协同机制是高职院校立德树人体系中的一个重要组成部分,在校内将教育教学、管理服务有机结合,在校外推动社会、学校、家庭三者联动协作,汇聚校内外的育人力量,及时收集信息,共享育人资源,使各种育人力量能够同步谋划、同步组织实施、同步评估,减少不

必要的内耗和浪费,真正达成育人共识,实施协同育人行动,从而切实增强高职院校立德树人的教育合力,提高立德树人的整体效能。

三、高职院校立德树人的现实境遇

(一)"育德"与"德技双优"要求匹配失衡

高职院校立德树人的本质内涵原本就包含人才培养的"德"与"才",这两者要同时具有、双线发展、互相平衡,即要达到"德才并育""德技双修"。但现实情况是,由于教育功利化导向的影响,学校整体育德能力提升缓慢,与人才培养"德才并育"的需要不匹配、不平衡。功利化的倾向导致一些高职院校重视为社会经济发展服务,为社会培养技术人才,同时忽视了对学生个体成长和道德品质的关注。

(二)各育人主体"各司其职",不符合"协同育人"的教育理念

高职院校落实立德树人根本任务的重点在于围绕立德树人根本任务,整合优化资源,汇聚育人力量,构建全员、全过程、全方位的"三全育人"格局。"三全育人"首先要求各育人主体深刻理解协同育人的内涵,在思想上达成共识,最终形成自觉协同。但现实情况是,一些高职院校一直以来形成的"各司其职"的工作状态对育人主体协同育人形成了一定程度的阻碍,稳定的协同育人观念无法形成,也无法固定下来,导致育人中的各要素、各环节孤立脱节,最后形成了孤岛效应。随着高职院校的不断发展,不仅教学、管理、服务等各个部门的职责职能越来越清晰,高职院校思想政治教育的专业化水平也在不断提升,这就导致其他育人主体的育人作用相应地被淡化。

(三)特色校园文化教育有欠缺

用文化对学生加强教育和熏陶是高职院校德育工作的重要途径,文化是一种隐性的教育途径,能达到润物细无声的教育效果。高职院校要培育自身独具特色的校园文化,深入发现、挖掘并运用中国传统文化、革命文化、社会主义先进文化的魅力对学生进行渗透式教育,增强育人的吸引力。但现实情况是,一些高职院校在这方面没有达到理想的效果,构建特色校园文化工作做得还不到位,无法让校园文化真正发挥应有的作用。

四、高职院校立德树人根本任务的实现路径

(一)以立德树人根本任务为指引,大力加强师德师风建设

1.高职院校党委把握立德树人的方向,加强顶层设计

高职院校党委要把立德树人根本任务融入特色化办学的不同领域和各个环节,逐步构建党委统一领导、党政齐抓共管的系统化育人工程,着力解决最棘手、最紧迫的问题,形成"大思政"的格局,激发各育人主体的热情。要大力开展师德师风建设,将师德师风纳入考核范围,避免虚化、弱化师德师风。在教师年度考核、职称评聘、推优评先、表彰奖励等工作中,必须进行师德师风考核,实行师德失范"一票否决"。改进师德考核方式方法,避免形式化、随意化。完善师德考核指标体系,提高科学性、实效性。

2.思政课教师肩负立德树人使命,要发挥主力军作用

一方面,思政课教师要积极推动思政课教学改革,在教学中充分考虑高职院校学生的特点,"情""理""规"三维联动,将教学内容与社会热点、难点紧密结合起来,让思政课变得有深度、有广度、有温度,从而赢得课堂主动权。另一方面,思政课教师要加强教学主阵地建设,将课堂教学和课外实践有机结合,让学生在丰富多彩的社会实践活动中潜移默化地受到熏陶和感染。思政课教师要注重将线上线下相结合,因势利导解答学生的困惑,让学生在实践中提升思想境界,对思政课形成认同感。

3.专业课教师要提高课程思政意识,将课程思政引入各类专业课教学中

一方面,专业课教师要树立课程思政理念,传道与授业同时进行,探寻适合课程思政的教学方法和教学艺术,使专业知识与思政教育有机结合,持续提高育人能力;另一方面,专业课教师要完善课程思政育人体系,在专业课教学中合理地发掘其中蕴含的思想政治教育因素,将培养德技双优的社会主义接班人作为课程思政的价值目标。

(二)健全高职院校立德树人的协同育人体系

1.完善服务育人的协同机制

图书馆可围绕立德树人总目标,针对高职院校学生的特点,发挥文献信息的资源优势,陶冶学生的情操,营造积极、向上、向善的育人氛围;后勤和行政部门在提高服务质量

的同时,还要积极承担育人职责,在关爱、帮助和服务学生中让学生形成情感认同,让学生在精神上也能得到教化和熏陶,后勤部门还可以为学生设置一些勤工助学的岗位,学生在参与的过程中能对后勤部门加强了解,也能对后勤部门进行监督。

2. 打造实践育人的创新模式

高职院校的立德树人工作需强调实践性,通过实践来达到润物细无声的效果,为此,各高职院校都在积极打造实践育人的创新模式,将立德树人的课堂延伸到社会实践的大课堂中,以增强立德树人教育的实效性。高职院校可以在课后开展深入学习贯彻党的二十大精神的宣讲活动,组织学生到红色教育基地和场馆进行参观学习等。高职院校可以安排形式多样、丰富多彩的社会实践活动,例如组织学生到敬老院慰问老人,去偏僻的山村支教,到企业实习,到社区参与志愿服务等,让学生用劳动和奉献净化心灵,培育学生的服务意识和奉献精神。高职院校还可以开展体验教育,组织学生走出校园,到爱国主义教育基地、红色旅游经典景区、著名抗战遗址等,让学生身临其境,亲身体验感悟,这可以增强思想政治教育的感染力。

3. 丰富网络育人的技术手段

网络育人是新时代高职院校育人体系的创新和发展。运用网络中信息传播的便捷优势创新拓展育人的技术方法,能为高职院校的立德树人理念注入活力,增强育人效果。一方面,高职院校可以充分运用网络增强师生双向互动。网络育人有助于随时随地拉近教师与学生之间的距离,教师可以很方便地关注学生的思想动向,因势利导,及时把握育人的有利时机,激发育人内生动力。另一方面,高职院校要完善校园思想政治教育特色网站建设,强化主流价值观对学生的引领作用。高职院校要注重网站的呈现和更新,实现"互联网+教育",运用微信等载体将思想政治教育的内容生动鲜活地呈现出来,增强网络育人内容的吸引力。

(三)发动政府、社会、学校、家庭等通力协作,激发社会多方力量与学校共同育人

高职院校要实现立德树人根本任务,离不开政府、社会、学校、家庭等多方面的相互配合、共同协助。政府进行顶层设计、宏观把控,明确育人目标,制定政策措施,并监督落实、考核评价;社会要以社会主义核心价值观为引领,加大宣传力度,营造向上、向善的德育氛围;学校要整合社会资源,为学生搭建实习实践活动的桥梁和平台,发挥德育的社会功能,让学生在亲身体验的过程中增强社会责任感,增强服务社会的意识与能力;家庭也要发挥立德树人的重要作用,家庭就是教育环境,生活就是学习素材,良好的家庭教育能对学生形成潜移默化的影响。

(四)开展特色校园文化教育,为落实立德树人根本任务提供有力保障

高职院校应将落实立德树人根本任务贯穿于高职院校的特色文化、校园精神和行为文化的全过程,在制订校规校纪、开展校园活动时坚持立德树人,构建独具特色的校园精神文化。高职院校可以将中国传统文化、革命文化、先进的社会主义文化融入本校的特色文化之中,对学生进行文化熏陶。具体而言,高职院校可以从以下三个方面做出努力:一是通过建设良好的师德师风、校风学风来形成独具特色的校园文化,学生长期浸润在这种文化氛围中,就会在不知不觉中形成良好的道德修养;二是通过开展内容丰富、形式多样的校园文化活动,如开展多样化的学生社团组织活动,加大宣传报道等,来加强对学生的思想引领;三是发挥好榜样育人、典型育人的示范作用,如邀请在企业做出突出成绩的优秀毕业生到学校向学生传授经验,或者邀请"劳动模范"和"最美教师"到校园进行宣讲,通过典型事迹来打动学生,用榜样育人,用故事育人,形成有特色的校园模范文化。

五、结束语

落实新时代高职院校立德树人根本任务是一项复杂且庞大的系统工作,高职院校要深刻理解立德树人的价值底蕴,在马克思主义理论的指导下,尊重学生的主体地位,遵循高职院校学生成长成才的规律,通过加强师德师风建设、健全协同育人体制、激发社会力量与学校形成育人合力、开展特色校园文化教育等途径,建立立德树人的长效机制。

参考文献

[1] 刘晨晔,曹清雅.高等教育立德树人的内涵实质与实现路径[J].天津市教科院学报,2019(5):33-37,54.

[2] 张美玲.高校落实"立德树人"根本任务的现实问题及对策研究[D].大连:辽宁师范大学,2020.

[3] 宋莉.高校实现立德树人的"道"与"路"[J].和田师范专科学校学报,2017(3):26-29.

[4] 李顺瑜.高职德育存在的问题及对策研究[J].科技信息,2012(34):105.

现代职业教育体系下职业本科教育面临的困境与对策

吕 健

(武汉铁路职业技术学院)

摘 要

职业教育本科层次办学作为新生事物,尚无成熟的范本可借鉴,在办学上一方面面临着与高职高专相比如何体现层次上的提升问题,另一方面又面临着来自应用型本科学校的竞争压力。针对职业本科教育发展困境,本文从办学内涵、人才培养目标、师资队伍、课程体系、科研工作体系等方面给出了对策。

关键词

职业本科　高层次技术技能型人才　困境与对策

一、引言

新时代,经济发展方式快速转变、产业结构调整和生产方式的变革使社会上的职业岗位发生了重大变化。我国正在加快推进经济结构战略性调整和经济转型升级,产业结构不断优化,内生动力显著提升,先进制造业、新兴服务业、"四新经济"等已成为我国经济发展的重要驱动力。现有的技术技能型人才已不能满足产业发展的需要,因此完善不同层次的职业教育,设置职业教育本科层次,已经成为我国当代经济社会发展和构建现代职教体系的迫切需要。2014年6月,国务院印发《关于加快发展现代职业教育的决定》,首次提出"引导一批普通本科高等学校向应用技术类型高等学校转型,重点举办本科职业教育"。2021年1月,教育部印发《本科层次职业教育专业设置管理办法(试行)》,对本科层次职业教育专业设置条件与要求、专业设置程序、专业设置指导与监督等做了具体规定,全国职业院校设置本科专业的工作自此开始全面启动,职业本科层次教育在全国范围内得到积极探索与发展。截至2022年6月,全国共有职业本科学校32所。

二、问题的提出

2015年10月,教育部、国家发展改革委员会、财政部联合发布《关于引导部分地方普通本科高校向应用型转变的指导意见》,提出确定一批有条件、有意愿的试点高校率先探索应用型(含应用技术大学、学院)发展模式,各地教育部门开始有计划地指导部分普通本科高校向应用型本科高校转变。2017年2月,教育部印发《关于"十三五"时期高等学校设置工作的意见》,提出"以人才培养定位为基础,我国高等教育总体上可分为研究型、应用型和职业技能型三大类型"。2021年10月,中共中央办公厅、国务院办公厅印发《关于推动现代职业教育高质量发展的意见》,提出"鼓励应用型本科学校开展职业本科教育"。尽管国家一直强调促进普通高校转型发展职业本科教育,但受我国特有的社会文化认知影响,一些应用型高校不希望变成职业教育类院校,因此,此项举措没有得到广大应用型本科院校的积极响应,应用型本科院校开展职业本科教育的实践成效不明显。

2020年9月,教育部等九部门印发的《职业教育提质培优行动计划(2020—2023年)》明确指出,"支持符合条件的中国特色高水平高职学校建设单位试办职业教育本科专业"。2021年,教育部印发《普通高等学校本科教育教学审核评估实施方案(2021—2025年)》,提出将对部分高校开展学术型和应用型办学审核评估,这实际上是将普通本科教育分为学术型本科和应用型本科两种。2022年5月1日起施行的《中华人民共和国职业教育法》,第一次以法律的形式从类型定位上明确了"职业教育是与普通教育具有同等重要地位的教育类型",提出"高等职业学校教育由专科、本科及以上教育层次的高等职业学校和普通高等学校实施"。它标志我国现代职业教育体系框架正式形成,职业教育发展通道包含职业中等教育、职业专科教育和职业本科教育三级学制,职业教育本科学校在现有高职院校升格或多所高职院校整合基础上举办,职业教育本科专业将主要由本科层次职业院校和专科层次职业院校的部分专业举办。

职业教育本科层次办学作为新生事物,尚无成熟的范本可借鉴,在办学上一方面面临着与高职高专相比如何体现层次上的提升问题,另一方面又面临着来自应用型本科学校的竞争压力。因此,职业本科学校如何瞄准定位,办出特色,培养更多高层次高素质技术技能型人才,并获得长足发展,已经成为急需解决的问题。

三、职业本科教育面临的困境

(一)与高职专科教育、应用型本科教育相比,职业本科教育办学定位不清晰

近年来,大部分新设职业本科学校都是从高职专科学校升格而来。高职专科教育提出以高素质技能型人才培养为主要方向,应用型普通本科教育提出以应用型人才培养为主要方向,职业本科教育提出以高层次技术技能型人才培养为主要方向。这三类人才标准有何异同?目前人们还没有明确的界定。特别是针对应用型本科和职业本科的人才培养标准,目前学界存在一定的分歧,学界通常都是从表面和常识的层面来解释,没有深入揭示其内涵实质,相应的理论研究和实践探索比较薄弱,容易造成有些释义出现混淆的情况。与高职专科学校相比,职业本科学校如何体现层次上的提升?与应用型本科学校相比,职业本科学校如何实现差异化发展?如果对这些问题认识不清晰,职业本科学校就无法为自己准确定位,要么就会沿用高职专科办学方式,出现"新瓶装旧酒"的现象,要么就会照搬应用型本科学校办学方式,出现与应用型本科学校相比既缺乏竞争力,又体现不出职业本科学校教育特色的尴尬局面。

(二)教师的能力素质不能满足职业本科教育教学要求

师资队伍是人才培养活动中的核心要素,教师的能力素质和专业素养对人才培养质量有着直接影响,因此,打造具有创新能力的"双师型"教师队伍是本科层次职业教育的重要保障。目前,在职业本科教育专业教师群体中,大多数教师拥有硕士研究生及以上学历。他们虽然具备深厚扎实的专业理论功底,但缺乏在生产一线实践活动中的经验;他们擅长系统化的专业理论教学,但实践教学经验不足。少数教师来自企业一线,他们有丰富的实践经验,具备娴熟的操作技能,能满足高职专科教育的需求,但他们自身拥有的理论知识还不足以匹配职业本科教育教学要求。

(三)科教融汇方面还存在明显短板

党的二十大报告提出,统筹职业教育、高等教育、继续教育协同创新,推进职普融通、产教融合、科教融汇。其中,科教融汇是指将科学技术和科学研发过程与人才培养环节中的教育教学内容相互融通,促进国家科技创新与人才培养深度融合、协同发展。长期以来,职业教育以培养技能型人才为目标,以就业为导向。职业教育学校普遍认为实践教学重于科研,学校对科研工作支持力度不够,教师对科研工作动力不足、积极性不高,

这导致科研工作成为职业教育发展中的弱项。高职院校与行业企业开展合作时,更多的是为企业提供职工技能培训。在与企业合作进行新技术新工艺的研究和开发、研究成果的转化等方面,职业本科学校与普通本科学校相比力量还较为薄弱。

四、对策

(一)加快对职业本科教育办学内涵的探索

职业本科教育是本科层次的高等职业教育。职业本科教育应当针对新兴战略性产业的发展和实体经济的转型升级需求,面向高端技术技能型人才链条的需求,设置体现类型教育规律性特点的专业。为满足社会经济发展的需求,并凸显价值,学校在举办职业本科教育的过程中,应着手从教育管理机制入手,建立起我国中等职业、高职和本科层级人才的积累体系和机制,并坚持中高职协同发展,避免断层。职业本科教育需要遵从职业教育的基本规律,将人才培养提高到本科教育水平。在院校管理模式、人才培养模式、课程体系、师资队伍以及校企合作等方面,职业本科教育需要进行全新探索,并根据学校自身的条件和服务的行业、地区的经济和社会发展定位确立职业本科教育的办学目标,确立职业本科教育人才培养模式,发挥优势,逐步形成自身的优势和特色。

(二)明确人才培养目标

高职专科教育主要培养面向生产、建设、服务和管理等一线需要的高技能人才,要求理论够用,突出实践能力培养。职业本科教育作为目前职业教育类型中学历层次最高的教育,其培养定位为高层次技术技能型人才。高层次技术技能型人才是在生产第一线或工作现场进行规划、设计、生产、组织和管理的专门人才。职业本科教育培养的人才需要拥有坚实的理论基础、系统的专业知识、较强的实践能力、较高的综合素质和突出的创新特质,对整个生产过程有较为深入、全面的理解,各方面的要求显著高于职业专科教育。在制订职业本科教育人才培养方案时,校企共同参与,人才培养方案首先要体现立德树人的根本任务,要遵循高层次技术技能型人才成长规律,突出知识与技能的培养,重点培养面向高端产业和产业高端的技术技能型人才。

(三)打造"双师型"教师教学创新团队

《本科层次职业教育专业设置管理办法(试行)》对职业本科学校的生师比、"双师型"教师占比、高级职称专任教师的比例、具有博士研究生学位专任教师的比例、高水平教师教学(科研)创新团队等提出了具体要求。其中,"双师型"教师占比不低于50%,职业本科学校还要有省级及以上教育行政部门等认定的高水平教师教学(科研)创新团队。打造"双师型"教师教学创新团队,重点在于培养锻炼专任教师,首先要明确以开展职业本科教育为目标的"双师型"教师教学创新团队"新"在何处,还必须清晰地认识到"双师型"教师教学创新团队建设的核心是完善专任教师的能力素质,通过实施专任教师教学科研能力提升工程,使其在原有的专业知识和技术的基础上,获得与规划、设计、生产、组织和管理一线实践活动关系更为紧密和直接的新的理念、新的方法、新的知识技能。具体实施方法是与学术型高校和应用型高校建立广泛的教师培养合作机制,提升教师的学术研究、专业理论和技能交流能力,强化本校教师的教学能力。同时,依托校企合作实践平台,鼓励专业教师入企挂职锻炼,借助行业企业资源的力量,加强教师实践教学能力培养。教师需要拥有深厚的专业理论功底和科研能力,具备高超的技术、良好的组织管理能力和协调能力,才能在专业学科建设及科研工作中做出突出贡献,才能出色地完成高端复合技术技能型人才培养任务;教师需要身怀娴熟的专业技能,才能培养出胜任企业生产工作和管理工作的高层次技术技能型人才。职业本科学校需要优化教师队伍结构,快速提升专业师资质量,建立专兼职结合的高层次技术技能型人才教师队伍。

(四)重构课程体系

职业本科学校在人才培养课程体系的设置上,要充分体现职业能力的核心特征,既不能照搬高职院校基础课程体系,也不能照搬应用型大学的基础课程体系,而是要根据技术领域和职业岗位(群)的任职要求,参照相关的职业资格标准,突出职业能力培养,依据社会对本科层次人才的知识、能力和素质要求,按照课程标准与职业标准对接、教学内容与生产过程对接的原则,整合课程内容,重构课程体系。在职业本科教育中,通识教育作为教育的一部分,处于根本地位。职业本科学校要根据新时代学生的特点,突出学生和谐发展和全面发展,设置通识课程体系,拓宽学生的知识面,培养学生的良好品德,提升学生的综合能力。职业本科学校需要根据产业发展和专业教学需要,适度增设新课程,开发新课程资源,共享企业资源,构建宽口径的专业课程体系,在专业课程体系的设置中充分体现出职业能力的核心地位,突出专业教学实训对接企业真实生产,强化学生对所学知识的综合应用。

(五)重塑科研工作体系

科学研究是职业本科教育的五大职能之一,是职业本科教师提升专业能力的重要途径,是促进专业教学改革的重要条件,也是本科层次职业教育专业设置条件的一项重要指标。职业本科教育在推进科学研究的过程中,要与地方经济、产业(行业)密切联系,体现其应用性、技术性和创新性等特征。一方面,应拓宽科研工作的面向,把原属于高职教育科研范畴的生产工具改进、已有工作方法优化、产品开发等工作纳入本校的科研工作体系,使专业、产业、科研、创新四个要素实现深度融合;另一方面,建立多层次、多模块的科研工作机制,构建"理论创新—工艺和流程创新—工具创新"三位一体的科研机制,发挥科研聚合优势,使专业领域科研工作的教育效能最大化,为在校大学生创造参与创新活动的机会,培养学生的学术素养和科研精神,提升其解决复杂问题的能力和水平,这对于有效开展职业本科教育具有重要意义。

五、结束语

职业本科教育作为职业教育类别中的新生事物,还处于新兴阶段,成熟的经验和典型的模式还有待探索和建立。随着现代职业教育体系不断完善,职业本科教育应当面向产业发展,科学确定自身的定位,明确办学目标,突出院校特色,优化办学模式,为培养高素质人才提供强有力的保障。

参考文献

[1] 赵坚.本科层次职业学校的办学定位、现实困境与路径选择[J].职教通讯,2022(6):51-57.

[2] 杨磊,朱德全.职业本科教育的"中国模式"探索:基于德国、英国、日本实践经验的启示[J].中国电化教育,2022(8):51-60.

[3] 伍红军.职业本科是什么?——概念辨正与内涵阐释[J].职教论坛,2021(2):17-24.

[4] 石伟平.稳步发展职业本科教育助推技能社会建设[J].国家教育行政学院学报,2021(5):42-44.

[5] 李政.职业本科教育办学的困境与突破[J].中国高教研究,2021(7):103-108.

[6] 沙鑫美.层次、类型、改革:本科层次职业教育的三个基本问题[J].职教论坛,2021(3):43-49.

[7] 庄西真.我国本科层次职业教育的前世今生——一个历史制度主义视角的分析[J].教育研究与实验,2021(2):57-62.

[8] 徐国庆,陆素菊,匡瑛,等.职业本科教育的内涵、国际状况与发展策略[J].机械职业教育,2020(3):1-6,24.

高校图书馆员的职业操守与职业道德问题探讨

周 洁

(武汉铁路职业技术学院)

摘 要

高校图书馆员的职业性质体现了教育性、科学性和服务性的重要特征。新时期,高校图书馆员群体面临着更新、更高的职业素质要求,这对图书馆员的职业操守和职业道德水准提出了新的挑战,因此,从图书馆员的职业操守与职业道德内涵、图书馆员职业操守与职业道德面临的挑战、职业操守与职业道德的国际标准比较与借鉴、职业操守与职业道德实践的评价与监督等多个方面对图书馆员的职业操守与职业道德问题进行探讨无疑具有重要的意义与价值。

关键词

职业操守与职业道德　高校图书馆　图书馆员　教育　服务

一、引言

作为高校办学三大支柱之一的图书馆,是构建大学软实力的重要环节,在大学文化软实力的建设中起着举足轻重的作用。高校图书馆员作为从事信息传播和知识服务工作的专业人员,必须具备高度的职业操守与职业道德精神,需要遵循一定的职业标准和职业准则,才能保障读者权益,保护图书馆资源,避免冲突和维护高校形象。职业操守与职业道德的实践在图书馆员的日常工作中具有重要的作用。在大数据时代,图书馆员的职业操守与职业道德面临着严峻的挑战。图书馆员只有提高职业操守与职业道德水平,才能迎接挑战。图书馆员的职业操守与职业道德问题是图书馆管理领域的重要议题,需要我们重视和探讨。

本文将从图书馆员的职业操守与职业道德的内涵、图书馆员职业操守与职业道德面临的新挑战、职业操守与职业道德的国际标准比较与借鉴、提升职业操守和职业道德的评价与监督等多个方面予以探讨。

二、图书馆员的职业操守与职业道德的内涵

作为信息和知识资源的管理者,图书馆员必须遵守职业操守与职业道德准则,这些准则的具体要求和应用方法因图书馆的不同类型、服务对象和工作职责而有所不同,我们通常从以下六个维度对图书馆员的职业操守与职业道德加以审视。

(一)图书馆员与信息资源的维度

图书馆员应客观中立地采集资源,持续不断地收集和丰富馆藏,为读者提供高效的资源服务,维护知识自由,维护知识创造者的权益。

(二)图书馆员与同事关系的维度

图书馆员需要了解高校的文化氛围,懂得自律,真诚平和待人,尊重他人隐私,从小事做起,善于向他人学习,以正确的渠道反映工作中存在的问题,以个人品质和职业能力(不以不良手段)参与竞争,光明磊落行事做人,维护大局,维护读者利益。

(三)图书馆员与读者关系的维度

图书馆员应视图书馆资源为公共财富,以读者的诉求为工作指引,不遗余力地为读者提供信息资源,确保读者拥有最大限度地获取信息资源的权利;不歧视读者,保障读者的知情权;保护读者的隐私权,仅在法律允许的范围内分享个人信息;秉持合理利用的原则,积极为读者提供服务。

(四)图书馆员与图书馆关系的维度

图书馆员需要以卓越的职业表现和忠实的行动来维护图书馆的声誉。此外,图书馆员还需要不断磨砺自己,注意个人言行,时刻牢记职业责任,在工作中一丝不苟,保持专

业谨慎的工作态度;积极参加相关培训和学习活动,不断提升工作能力,以实际行动支持图书馆发展,为图书馆实现整体工作目标做出努力。

(五)图书馆员与职业关系的维度

图书馆员在工作中要维护自己的职业地位,在职业服务中尽职尽责,力求专业、高效、公正,避免服务过程中的不当行为和误导行为,不做有损图书馆声誉的事情,追求职业进步,提升职业成就。

(六)图书馆员与社会关系的维度

图书馆员是积极促进知识共享和传播的推进者,是通过各种渠道宣传图书资源、寻求各方支持的协调者,是为读者提供资源的服务者。更重要的是,图书馆员需要遵守现行的政策法规,在法律允许的范围内高效、精准地完成工作。

以上六个维度的解析为图书馆员提升职业操守与职业道德提供了依据。

三、图书馆员职业操守与职业道德面临的新挑战

高校图书馆员的职业性质体现了科学性、教育性和服务性的重要特征,图书馆员的职业操守与职业道德在数字化转型、信息可靠性、网络安全、读者需求满足等方面面临新的挑战。

(一)数字化转型

数字化转型是当前高校图书馆面临的最为紧迫的问题之一。数字化转型使得图书馆的藏书和信息资源数量不断增加,图书馆员需要利用更加先进高效的技术手段和策略来管理和利用这些资源。此外,数字化时代下的读者阅读方式和需求也在不断变化,图书馆员需要适应这些变化,来保护读者权益。

(二)信息可靠性

图书馆员在工作中面临着信息过载、信息失真等问题。图书馆员需要具备批判性思维能力,对所涉及的信息进行深入分析和评估,以确保信息的可靠性和准确性。

(三)网络安全

在图书馆服务模式向虚拟化转型的过程,网络安全问题日益凸显,图书馆员需要增强安全防范意识,选用合适的防火墙系统,合理设计网络口令和数字加密系统,提高安全管理水平,保障读者安全使用图书馆资源。

(四)读者需求满足

当下,大数据建设和云服务技术不断得到推广与应用,微服务深入发展,并有了嵌入科研和课堂进行知识服务的趋势,慕课方兴未艾,iSchool 正在得到越来越多师生的认可。这些新生事物对读者需求产生了广泛而深远的影响。图书馆员要善于学习,与时俱进,不辱使命,习得数字化本领,让服务内容知识化,让服务手段智能化,满足不同层次读者的需求。

图书馆各类服务相互交叉、融合。图书馆员要坦然面对这些前所未有的新挑战,离不开良好的职业操守与职业道德,这是图书馆员进行自身职业建设的基础。

四、职业操守与职业道德的国际比较与借鉴

将眼光投向全球,比较不同国家和地区图书馆员职业操守和职业道德的国际标准,探讨它们之间的共同点和差异性,有利于实现国际标准的交流和合作。

一方面,在不同国家和地区,图书馆员的职业操守和职业道德的内涵存在着一些共同点。例如,多数国家和地区都把保护读者隐私、保护知识产权、促进知识传播、服务社区等作为图书馆员职业操守和职业道德的重要内容。另一方面,不同国家和地区的图书馆员职业操守和职业道德内涵存在一些差异,这与不同国家和地区的文化、法律、经济等因素有关。例如,在一些国家和地区,图书馆员对于读者隐私的保护和知识产权的维护会更受重视,而在另一些国家和地区,图书馆员可能更注重服务效率和数字化转型的发展。此外,在某些国家和地区,图书馆员可能需要遵守更为严格的保密规定,以保护读者的隐私权;而在另一些国家和地区,人们可能更注重读者参与和互动的推广,要求图书馆员必须积极主动地与读者沟通互动,以提高服务质量。

为了实现国际标准的交流和合作,我们需要建立一个全球性的职业操守和职业道德标准框架。这个框架需要充分考虑各国和地区的文化和法律背景,并在全球范围内进行广泛的交流和磋商。目前,国际图书馆协会联合会(International Federation of Library Associations and Institutions,IFLA)发布了《图书馆员及其他信息工作者的伦理准则》

国际标准,该标准为图书馆员和其他信息工作者提供了一系列关于职业伦理的建议和指导,也为图书馆和信息机构制订或更新自身工作准则提供了有益的参考。同时,我们应该鼓励各国和地区的图书馆行业组织和机构开展更为紧密的合作,通过国际组织、学术交流、文献传播等方式来促进不同国家和地区之间的沟通和合作,促进不同国家和地区图书馆员的交流和互相学习,共同促进图书馆员职业操守和职业道德的提高,从而更好地为读者提供服务。我们可以借助数字化技术,促进图书馆资源的共享和开放获取,增强国际合作和交流。

五、图书馆员提升职业操守和职业道德的评价与监督

图书馆员提升职业操守与职业道德的评价与监督是人们对图书馆员在工作过程中遵循职业操守与职业道德状况做出的评价与判断。评价与监督机制的建立,将图书馆员的职业操守与职业道德状况置于高校内部的评价和社会公众的督导之下,能督促图书馆员认同并做出良好的职业行为,能促进图书馆发自内心地摒弃违背职业道德的行为。

为确保监督与评价的有效实施,我们可以从以下几个方面制订相应的图书馆员行为准则和道德规范标准。

(一)敬业、执行、传播、创新

高校图书馆员肩负着科学性、教育性和服务性的职业使命。图书馆员应把爱岗敬业作为习惯,主动投身于服务工作,展现图书馆人的敬业精神;把责任化作执行的动力,不断更新、拓展专业知识和技能,熟练掌握信息的获取和检索技能,因为这些构成了图书馆传播知识、服务读者的重要内核。创新是一个民族进步的灵魂,是一个国家兴旺发达的不竭动力,也是中华民族最深沉的民族禀赋。创新是图书馆事业与时俱进的重要推动力。图书馆员要学会思考,要有壮志凌云、向阳而生的锐气,要积极渴求新知,不断开拓创新服务新领域。

(二)服务、迅捷、维权、保密

图书馆的首要使命是为读者提供优质的服务。随着现代图书馆不断演进,图书馆的服务模式已经发生了重要的转变。如今,不少图书馆都运用了自助式服务模式。这种服务模式不仅强化了图书馆的核心价值,而且体现了图书馆作为知识传播载体的重要意义。图书馆员在为读者提供全方位迅捷服务的同时,更要致力于维护读者权益和保护读者隐私,让步入图书馆的每一位读者都能感受到图书馆员的专业性和严谨性。

(三)展现、尊重、维护、规范

高校图书馆员在服务读者的过程中,应由衷地展现以尊重、负责和专业为核心的价值观,并以实际行动维护馆藏资源,遵守道德准则和校规馆训,展现高尚的职业道德形象,为读者提供卓越的服务。

(四)钻研、提升、发挥、建设

高校图书馆员必须保持不断学习和钻研的精神,成为图书情报知识领域方面的行家里手,提升职业技能,发挥个人专长,让图书馆员的自身建设在日常工作中更加灵活、更加高效。

(五)协同、合作、共享、拓展

图书馆员需要通过经年累月的工作实践,将自己的人生观和价值观融入职业操守与职业道德的建设。他们不仅要履行自己的工作职责,而且要发挥团队协同作战的精神,精诚团结,合作共赢,以推动图书馆资源的共享。通过这种方式,图书馆员才能够为图书馆的发展和社会的进步做出积极的贡献。

六、结束语

图书馆员的职业操守和职业道德问题是图书馆管理领域中一个重要的议题。如今,面临图书馆数字化转型、信息可靠性、网络安全、读者需求满足等多方面的挑战,我们可以通过持续地关注和探讨图书馆员职业操守和职业道德问题,更好地推动图书馆事业的发展和文化建设事业的进步。

参考文献

[1] 曾君君,盛小平.国内外图书馆员职业伦理守则的内容分析[J].大学图书馆学报,2014(1):34-40.

[2] 王子舟.图书馆工作特性的几点感知[J].图书与情报,2005(3):2-6.

[3] 邓李君,杨文建.国外图书馆员职业能力标准的特征解析及启示[J].国家图书馆学刊,2023(1):1-15.

[4] 郭海明.《中国图书馆员职业道德准则(试行)》之我见[J].图书馆学刊,2004(2):20-21.

[5] 蔡丽娟.大数据应用在图书馆管理与服务中的作用分析[J].文化学刊,2022(11):130-133.

[6] 任宁宁.境外图书馆几种服务模式的比较及其发展必然性探讨[J].图书与情报,2011(6):102-106.

[7] 陈玉华,王芹.试析国外图书馆员职业伦理规范建设的历史与现状[J].农业图书情报学刊,2009(9):269-272.

以弘扬新时代科学家精神为核心强化高职院校科研育人路径

王德洪

(武汉铁路职业技术学院)

摘 要

科研育人是以科研活动为载体,使学生获取科学文化知识,并提升学生的政治和思想素质的活动。新时代科学家精神的核心是爱国、创新、求实、奉献、协同、育人。本文主要阐述了以弘扬新时代科学家精神为核心强化高职院校科研育人的意义和路径。

关键词

新时代科学家精神 科研育人 高职院校

一、引言

2017年2月,中共中央、国务院印发了《关于加强和改进新形势下高校思想政治工作的意见》,要求坚持全员全过程全方位育人,将思想价值引领贯穿教育教学全过程和各环节,形成教书育人、科研育人、实践育人、管理育人、服务育人、文化育人、组织育人长效机制。其中,科研育人紧随教书育人,位列第二。高职院校作为培养高素质技能型专门人才的高校,不仅要做好教书育人工作,而且要做好科研育人等工作。2019年6月,中共中央办公厅、国务院办公厅印发了《关于进一步弘扬科学家精神加强作风和学风建设的意见》,要求大力弘扬新时代科学家精神。新时代科学家精神的核心是爱国、创新、求实、奉献、协同、育人。高职院校应以弘扬新时代科学家精神为核心,强化科研育人工作。

二、以弘扬新时代科学家精神为核心强化高职院校科研育人的意义

(一)有利于高职院校学生爱国主义精神的培养

胸怀祖国、服务人民的爱国主义精神是新时代科学家精神的灵魂,是高职院校科研育人的指南。高职院校的任务是培养热爱祖国、以服务新时代中国特色社会主义现代化强国建设为己任的接班人。培养高职院校学生的爱国主义精神至关重要。以弘扬新时代科学家精神为核心强化高职院校科研育人有利于培养高职院校学生的爱国主义精神。

(二)有利于高职院校学生创新精神的培养

勇攀高峰、敢为人先的创新精神是新时代科学家精神的关键,是党的事业兴旺发达的不竭动力,也是高职院校科研育人的核心。习近平总书记号召我们要坚持面向世界科技前沿、面向经济主战场、面向国家重大需求、面向人民生命健康,不断向科学技术广度和深度进军。以弘扬新时代科学家精神为核心强化高职院校科研育人有利于高职院校学生创新精神的培养。

(三)有利于高职院校学生求实精神的培养

追求真理、严谨治学的求实精神是新时代科学家精神的气质,是高职院校科研育人的责任。求实精神是推动科技发展和进步的原动力。以弘扬新时代科学家精神为核心强化高职院校科研育人有利于高职院校学生求实精神的培养。

(四)有利于高职院校学生奉献精神的培养

淡泊名利、潜心研究的奉献精神是新时代科学家精神的风范,是高职院校科研育人的追求。1949年后,中国仅用几十年的时间就走完了发达国家几百年走过的工业化历程,创造了经济快速发展和社会长期稳定两大奇迹,这离不开无数科学家淡泊名利、潜心研究的奉献精神。我们要以钱学森、于敏等科学家为榜,学习他们淡泊名利、甘于奉献的高尚情操,把爱国之情、报国之志融入祖国改革发展的伟大事业之中,融入人民创造历史的伟大奋斗之中。以弘扬新时代科学家精神为核心强化高职院校科研育人有利于高职院校学生奉献精神的培养。

(五)有利于高职院校学生协同精神的培养

集智攻关、团结协作的协同精神是新时代科学家精神的必需,是高职院校科研育人的必备元素。随着科学和技术日益融合,专业界限被打破,科学家单打独斗的时代也一去不复返,这就要求我们强化跨界协同,加强团队合作和协同攻关。以弘扬新时代科学家精神为核心强化高职院校科研育人有利于高职院校学生协同精神的培养。

(六)有利于高职院校学生育人精神的培养

大力弘扬甘为人梯、奖掖后学的育人精神是新时代科学家精神的传承,是高职院校科研育人的使命。中国科技事业在承前启后、不断超越中发展,在前辈甘为人梯、奖掖后学中提高。在高职院校科研育人中弘扬新时代科学家精神,有利于弘扬老一辈科学家甘为人梯的精神,有利于支持和帮助青年科学家"挑大梁",让中国的科技事业后继有人。

三、以弘扬新时代科学家精神为核心强化高职院校科研育人的路径

(一)完善高职院校科研育人机制

立德树人是教育的根本任务,以弘扬新时代科学家精神为核心强化高职院校科研育人,就必须建立和完善科研育人的保障机制、运行机制、协同机制、评价机制等,才能保证高职院校科研育人的效果。

科研育人的保障机制为科研育人提供保证。高职院校要形成党委书记亲自挂帅,党委统一领导,党政齐抓共管一体化的领导体制,做好顶层设计,构建科研育人政策创新长效机制,为科研育人提供制度保证。科研育人的运行机制为科研育人的效果提供了保证,科研育人的协同机制促进科研育人中的各方形成合力,科研育人的评价机制为科研育人效果提供了衡量标准。

(二)优化高职院校科研育人体系

高职院校科研育人体系是高职院校科研育人的关键。高职院校人才培养是育人和育才相统一的过程。建设高水平人才培养体系,必须抓好课程思政建设,将价值塑造、知识传授和能力培养融为一体,为党育人、为国育才。要围绕全面提高人才培养能力这个

核心点，构建全员全过程全方位育人大格局。高职院校要以弘扬新时代科学家精神为核心建立科研育人体系，培养学生的科研素养和科研能力。

(三)发挥高职院校教师的主动性

高职院校教师是高职院校科研育人的主导。教师要深刻理解新时代科学家精神的内涵，积极发挥主动性，不仅要在教授学生知识的过程中育人，而且要在指导学生参与科研活动的过程中育人。

(四)调动高职院校学生的积极性

高职院校学生是高职院校科研育人的主体。以弘扬新时代科学家精神为核心强化高职院校科研育人涉及两个方面：一方面是教授高职院校学生科研知识和方法；另一方面是引导高职院校学生学习科学家胸怀祖国、服务人民的爱国精神，学习科学家勇攀高峰、敢为人先的创新精神，学习科学家追求真理、严谨治学的求实精神，学习科学家淡泊名利、潜心研究的奉献精神，学习科学家集智攻关、团结协作的协同精神，学习科学家甘为人梯、奖掖后学的育人精神。要调动高职院校学生的积极性，使他们自觉参与科研育人，坚定不移听党话、跟党走，坚定前进信心，立大志、明大德、成大才、担大任，努力成为堪当民族复兴重任的时代新人，让青春在为祖国、为民族、为人民、为人类的不懈奋斗中绽放绚丽之花。

(五)拓宽高职院校科研育人的形式

以弘扬新时代科学家精神为核心强化高职院校科研育人，要拓宽科研育人的形式。科研活动可以是科研课题研究、学术论文撰写、发明专利，也可是学术报告、学术讲座、学术辩论、学术参观或访问、科技实验、科技调查研究、科技知识竞赛、科技影片观看，还可是"挑战杯"全国大学生课外学术科技作品竞赛、"互联网＋"大学生创新创业大赛、创新设计大赛、三维建模大赛等赛事。高职院校要根据学生的特长因材施教，将科研育人与科研活动充分融合，达到提高科研育人质效的目的。

四、结束语

以弘扬新时代科学家精神为核心强化高职院校科研育人，有利于培养高职院校学生的爱国、创新、求实、奉献、协同、育人的新时代科学家精神，有利于发挥高职院校教师的主动性,调动高职院校学生的积极性,完善高职院校科研育人机制、体系,拓宽高职院校科研育人形式,形成良好的校风和学风,引导高职院校学生紧密团结在以习近平同志为核心的党中央周围,增强"四个意识",坚定"四个自信",做到"两个维护",为实现"两个一百年"奋斗目标、实现中华民族伟大复兴的中国梦做出更大的贡献。

参考文献

[1] 中共中央 国务院印发《关于加强和改进新形势下高校思想政治工作的意见》[EB/OL].[2017-02-27]. https://www.gov.cn/xinwen/2017-02/27/content_5182502.htm.

[2] 中共中央办公厅 国务院办公厅印发《关于进一步弘扬科学家精神加强作风和学风建设的意见》[EB/OL].[2019-06-11]. http://www.gov.cn/zhengce/2019-06/11/content_5399239.htm.

[3] 都宏霞.高职院校科研育人体系的构建研究[J].云南化工,2022(6):116-118.

[4] 邓甜,史磊面.面向"新工科"的科研育人实施路径探索[J].大学:研究与管理,2022(5):68-71.

[5] 龚强,李尉青.提升高校科研育人质量的长效机制与路径分析[J].思想理论教育,2022(8):91-95.

美国创业型大学溯源及其发展动力探析

李生国

(武汉铁路职业技术学院)

摘　要

　　创业型大学概念一经提出,相关领域的研究就不断扩散至世界各国和地区的大学,成为高等教育组织转型研究的热点论题之一。美国创业型大学的发展最为典型,其组织发展历史可溯源至声势浩大的美国大学服务运动,创业型大学概念的提出成为大学的"服务"职能向"创业"职能演化的一个分水岭。回溯美国创业型大学的演进历史并探析其发展规律,对我国部分高校推进创业型大学建设具有一定的借鉴意义。

关键词

　　创业型大学　大学职能　三螺旋模型

一、引言

　　在两次学术革命的推动下,世界高等教育经历了两次质的飞跃,先后将"研究"与"服务"纳入大学的基本使命。欧美大学从开始被动承担"服务"职能到主动引领"服务"职能,进而将"服务"职能升级为"创业"使命,在此过程中,一批典型的创业型大学应运而生,成为引领世界高校发展的一个重要的新方向。

二、创业型大学的主要模式与基本内涵

　　自20世纪末至今,创业型大学迅速崛起,相关研究也日益系统和深入。在国外,

最具代表性的研究主要是对欧洲创业型大学模式和美国创业型大学模式的探究。对欧洲模式的考察主要代表是伯顿·克拉克(Burton R. Clark)。20世纪末,他通过对英国的华威大学和思克莱德大学、荷兰的特文特大学、瑞典的查尔姆斯理工大学、芬兰的约恩苏大学这五所既具有创业精神又各具特色的大学的案例研究,聚焦大学的系列创业反应,系统阐明创业型大学是如何建成的,并梳理出了建立创业型大学的五大要素,即强有力的驾驭核心、广阔的发展外围、多元化的资助渠道、活跃的学术、整合的创业文化。同一时期,在关于美国创业型大学的研究中,最具影响力的是亨利·埃兹科维茨(Henry Etzkowitz),他提出的"大学—产业—政府"三螺旋(Triple Helix)模型是一个相辅相成的创业机制。他以麻省理工学院和斯坦福大学为典型的创业型大学发展实践案例,剖析其依托创新研究而培育起来的更强的资源获取能力、团队研究意识和更为有效的知识转移运作机制,该机制有力地提升了大学的竞争力,为大学的跨越式发展提供了支持。这种卓越大学模式引起的社会效应开启了世界范围内研究和学习创业型大学实践的热潮。

笔者基于对以上研究成果的梳理,将创业型大学界定为一个发展的概念,即在具有迎接挑战和创新的企业家精神的引领下,创业型大学打破封闭的象牙塔思维和边界,推动其核心功能从教学与科研扩展到服务经济与社会发展,适应国家和区域发展的需要,积极搭建"大学—产业—政府"的三螺旋模型,沟通各方力量开拓新产业,并创造新的发展机会,推进产学研合作,促成大学学术资本转化,成为促进社会发展和提升国家与地区核心竞争力的创新驱动引擎。

目前,国内的创业型大学研究主要集中在对国外研究的文献述评、介绍、比较和概念辨析等探索上,对创业型大学的组织溯源、发展动力等方面的系统思考不多。笔者试图从组织理论视角,按照组织产生与发展的历史脉络,选取美国典型的创业型大学,对其缘起与发展动力进行探索,并做简要分析和讨论。

三、美国创业型大学的缘起

在世界范围内,美国创业型大学的缘起最为典型。美国创业型大学的缘起可追溯到美国大学服务运动,它的提出早于创业型大学的概念,是学界关注的一个热点现象。伯顿·克拉克和亨利·埃兹科维茨两位教授提出了创业型大学的概念及机制,使服务型大学研究焦点成功转向创业型大学的研究。因此,在创业型大学的溯源中,我们无法略过的是美国大学服务运动。笔者主要从外部和内部两个方面进行梳理。

(一)创业型大学形成的主要外部条件

1. 社会需求超过大学的反应能力,将大学从象牙塔推向社会,为大学"创业"做准备

社会需求的失衡超过了大学反应能力,社会需求主要表现为更多入学机会需求,学生多样化的教育需求,劳动部门的人才需求,大学赞助方对大学的期望与问责等方面。面临多元需求和多方责难,大学产生了前所未有的危机感。这种危机感在20世纪80年代初期变得十分迫切,美国各方批评家把他们的关注点转向美国高等教育,批评美国高等教育浪费资源,不关心学生需求。较为极端的例子是查尔斯·J.塞克斯(Charles J. Sykes)在《骗子教授》一书中声称:教授的骗局意味着打了折扣的课程、不合格的教师、可疑的学士学位价值,以及学生支付一笔离谱的费用,用于聚居在一个骇人听闻的充满平庸知识分子的地方。

2. 政府财政资助削减,逼迫大学"创业",谋求生路

高等教育大众化以来,教育投入激增,这导致国家和地区难以承担,财政资助一再削减,使众多高校面临着财务危机和生存危机。为了寻求出路,获得优质的生源和师资力量,大学做出了创业型反应,它们开始主动出击,寻求多元化的资助渠道。

3. 国家政策法规的出台,支持和激励大学"创业"

进入知识经济时代,美国政府认识到大学与社会经济的共生关系,纷纷出台政策法规来加强大学与社会联系的纽带,其中最典型的是《贝多法案》(又译为《拜杜法案》)。1980年,美国政府正式颁布《贝多法案》,其适用于非营利性机构和小型商业组织中资助的研究成果和发明,专利权归这些实体所有,而不归政府所有,大学内部也制定了较为合理的收入分配规则。

(二)创业型大学产生的重要内部因素

1. 社会服务的历史传统是大学"创业"的历史渊源

美国高等教育的服务理想历史悠久,它的产生早于20世纪的学术研究。许多美国早期的学院和大学都宣称致力于提供公共服务,这一点在美国公共教育部门的很多文件中都得到了强化。

2. 服务概念的探索是"创业"的内在诉求

在弗雷德里克·温斯洛·泰勒(F. W. Taylor)的科学管理理论的影响下,大学也试图寻求通过理性的分析方法来确定组织的目标和各类成员的贡献,依照这种方式,大学将教师的工作量分解成教学、研究和服务。此时,大学自身仍有很多困惑:应该鼓励和奖励什么类型的服务,应限制什么类型的服务等问题并不明确。因此,大学目标模糊,陷入了混乱局面。美国大学服务运动的兴起正是起源于大学对服务概念不确定性的探索,这个探索过程是漫长的。

3. 知识的溢出超过了大学自身的反应能力,这是"创业"的根源

大学无法控制知识的扩张,大学重点学科和优势学科的学术积淀越来越深厚,当这种深厚的学术积淀达到一定程度,超过区域创新临界值时,大学便会形成一种知识溢出的能力,当这种能力在大学其他相关学科、技术领域形成较强的辐射效应时,大学的知识溢出现象便发生了。大学必须实行内部革新,走自主创新、提升核心竞争力的内涵式发展道路。

四、美国创业型大学的发展动力

美国创业型大学发展的动力同样可以追溯到美国大学服务运动时期。服务拓展被认为是有利于发展公共事业和社会经济的职能,政府、学者、公众已经逐步认可了这一点,但具体的落实还需要依靠地方层面的行动。起初,美国政府在国家层面试图增加高等教育的服务职能,但高校对改革寄予重大希望,它们引入结构性变化,将改革纳入日常事务;这些变化可能具体体现在人事新规则、新部门、新预算类别等方面。威廉·卡明斯(William K. Cummings)在《美国大学服务运动:寻求动力》一文中,用两个典型案例(密歇根州立大学和纽约州立大学布法罗分校的服务型改革案例)来揭示创业型大学最初的缘起与动力,系统描述了地方层面的行动。

密歇根州立大学起源于赠地学院,从成立起就致力于服务。其最初的学术贡献主要在农业领域,19 世纪 90 年代,它开始提供特殊的农业方面的短期课程,早在 1914 年美国颁布《史密斯-利弗法案》前,该校就建立了合作推广服务机制。从 20 世纪 20 年代到第二次世界大战前后,该校先后将继续教育制度化,进行教学推广,建立了公共电台和大学拓展业务的委员会,设立教务长,开发知识推广服务,制定推广规划,采取一系列激励措施,建立示范部门开展合作,培育新的拓展业务。一系列活动成就了它的飞速发展。

纽约州立大学布法罗分校成立于 1846 年,作为研究型大学崛起于纽约,拥有一系列杰出的校长,重视医学,强调科学和工程,关注研究,这些行动使该校从初始的医学院起家,发展成为一所综合性研究型大学。20 世纪 90 年代初,美国政府将许多重要研究单位设在布法罗分校。从 1980 年开始,历任校长大力强调大学的服务使命,任命具有优秀拓展业务能力的教务长、副校长,探索服务项目,首创了许多服务计划,并鼓励各学院的

院长和学术带头人开发新的服务项目,赢得了教师广泛的参与和支持。后来,美国政府削减资助,导致学校陷入财务危机,服务计划也延期了。

通过以上案例分析,笔者进一步明确了美国大学服务运动兴起的重要因素,其主要包括以下几个方面。

1. 符合特定院校的愿景

当一所大学系统提出关于服务的基本概念时,它一般概述了社会对服务日益增长的需求、服务的潜在价值,以及服务如何与传统大学的任务相关联。大学明确表达愿景时,一般都会考虑自身的实际情况。例如,密歇根州立大学提出,在动员师生参与美国大学服务运动时,大学必须明确自身的定位,并使服务和自身定位相符。

2. 大学自身的因素影响服务的开发程度

大学的类型和大学内部的专业类型影响服务开发的程度。一般来说,赠地大学历来重视服务,与当地机构有着广泛的联系,会更积极地参与服务。法律、医学、工程、农业和教育专业的教师在大学服务职能的开发中拥有最大的潜力,但其他专业的教师可能对比并不关心。

3. 大学的服务使命面临多重危机

如前文所述,至少在某种程度上,密歇根州立大学和纽约州立大学布法罗分校都曾面临政府削减教育预算资助或更换校领导等危机,但两所大学都认为拓展业务有利于促进大学的发展,因此它们都积极履行服务使命,也取得了不错的成效,师生认可度不断提高,大学传统的教学和研究功能也得到了强化。

4. 大学领导者的格局影响服务使命的持续

履行服务使命的关键是大学校领导对大学所处的大环境、发展趋势的理解和判断。校领导强调大学的服务角色,从多方面为大学履行服务职能提供强有力的行动支持,如任命新的副校长主管服务拓展业务,设立奖金、竞争性赠款或其他激励措施,以促使个体教师和学院重视服务。两所大学都拥有高屋建瓴的校领导,但密歇根州立大学已经发生了巨大的高层人事变动,而纽约州立大学布法罗分校遭遇的严重的教育预算削减使领导层无暇顾及服务使命。

5. 大学的服务共识促进服务使命的落实

大学在行政层面可能促进服务使命的履行,它必须获得教师的支持。在密歇根州立大学和纽约州立大学布法罗分校,有影响力的教师代表已经进入行政领域,促进大学深入开展服务实践。在改革中,两所大学及时对来自一些教师的质疑做出了回应。回应涉及两个方面:一方面,服务倾向于丰富传统的教学和研究角色;另一方面,在服务中,不需要每个人每天持续关注,个人可以根据个人日程分阶段进入或退出。例如,在纽约州立大学布法罗分校,教员评议会已经通过正式决议,对公共服务使命给予了最大程度的认可与支持。

克拉克·克尔(Clark Kerr)在《高等教育不能回避历史》中指出:"高等教育的历史,很多是由内部逻辑和外部压力的对抗谱写的。"[1]大学在遵循内在发展逻辑时,必须适当回应外部社会不断变化的需求,在这种回应过程中,现代大学的职能不断拓展,服务动力应运而生,服务的外延不断拓展,最终大学逐渐走向"创业"。

大学职能转变是大学对环境变化的一种直接的应激反应。如今,世界高等教育公认的教学、研究与服务三大使命不是在时代的发展浪潮中相互替代,而是以一种渐进的方式累加和融合,以更好地服务于国家和社会发展需要。创业型大学就是随着经济的发展和大学职能的拓展而逐渐兴起与发展的。20世纪中期,在经济、政府、社会公众对大学的更多需求和资助减少的生存压力下,美国研究型大学重新审视它们的使命,重新考虑教学、科研与服务之间的平衡关系,美国研究型大学中一些有远见的校领导发起了一场使大学更重视研究和外部资金的运动,服务职能向外围拓展,这在美国被称为学术革命。美国部分研究型大学,尤以密歇根州立大学、纽约州立大学布法罗分校为典型,是美国大学服务运动的传奇引领者。创业职能超越了服务职能,催生了创业型大学。第二次世界大战期间,一些美国大学与国防部门紧密联系,推动了高校社会服务职能的发展。第二次世界大战后,"发挥大学为地方、国家经济发展提升竞争力,为增强大学自身发展实力而创业、创收的职能成为研究型大学新时代社会服务职能的一个重要发展方向"[2]。以美国麻省理工学院为代表的高校纷纷走向市场,不断拓展其社会服务职能,从传统的被动服务逐步走向主动的市场化的创业,把自身创造的高科技成果直接运用到大学衍生企业中,通过科技创新和人力资本生产推动区域经济的发展。大学逐步发生着从象牙塔向创业市场的演变,把研究型大学的社会服务职能进一步拓展到了主动创业,大学开始展示出创业的职能。创业型大学走入市场,主动参与区域经济发展,逐渐形成了大学、企业、政府之间的三螺旋互动关系。

五、结束语

创业型大学起源于大学的服务功能探索,由多科性技术类高校发起。美国大学服务运动是一场声势浩大的创业型大学转型准备运动,创业型大学正是在这场运动的基础上发展而来的。

---

① 克拉克·克尔.高等教育不能回避历史[M].王承绪,译.杭州:浙江教育出版社,2001.
② 余雪莲.美国研究型大学职能发展演变的经验[J].比较教育研究,2007(5):18-22.

在对创业型大学进行探究的过程中,笔者发现了一些值得我们进一步探讨的问题。第一个问题是,创业型大学如何突破工具性产生的限制?创业型大学作为工具性大学,其存在的首要价值在于服务国家重大任务,次要价值才是教学与科研,这样的价值排序对大学来说构成了强势的限制,使得大学的中心价值遵从国家发展需要,而不是学术自由和大学自治的发展模式。这种价值排序也会对大学组织发展造成某种程度的限制,大学如何突破边界局限是个全球性问题。第二个问题是,创业型大学如何实现分类发展和特色发展?在世界范围内,创业型大学的综合实力和发展侧重点具有明显的层次之分,合理划分此类大学组织的分层分类系统尤为重要。一方面,其能对高等教育发展理论做出新贡献;另一方面,其能为创业型大学转型实践提供参照。创业型大学对传统的大学模式具有某种程度的路径依赖,基于特定大学进行的研究需要对大学特色进行准确分析,对大学的崛起具有积极意义。参照这些国外创业型大学的先进的发展经验,笔者认为,我国创业型大学的特性、现状、问题及发展策略是我们需要进一步关注的问题。

参考文献

[1] 伯顿·克拉克.建立创业型大学:组织上转型的途径[M].王承绪,译.北京:人民教育出版社,2007.

[2] 亨利·埃兹科维茨.麻省理工学院与创业科学的兴起[M].王孙禺,袁本涛,等译.北京:清华大学出版社,2007.

[3] Cummings W K. The Service University Movement in the US: Searching for Momentum[J]. Higher Education,1998(35):69-90.

[4] 克拉克·克尔.高等教育不能回避历史[M].王承绪,译.杭州:浙江教育出版社,2001.

[5] V.布什,等.科学——没有止境的前沿[M].范岱年,等译.北京:商务印书馆,2004.

[6] D.E.司托克斯.基础科学与技术创新:巴斯德象限[M].北京:科学出版社,1999.

[7] 余雪莲.美国研究型大学职能发展演变的经验[J].比较教育研究,2007(5):18-22.

[8] 刘叶,冯国境.创业型大学模式的现实表达与路径依赖[J].高教发展与评估,2016(4):6-13,59.

高职院校创新型人才培养的现实困境与实施路径

邓 珲

(武汉铁路职业技术学院)

摘 要

国民经济的高速成长,促使中国制造业的发展有了长足的进步,但我国的创新型人才培养依然任重道远。即将到来的科技革命、不可阻挡的复兴进程、不可避免的大国竞争对创新型人才的规模和质量提出了更高的要求。高校作为国家创新体系的重要组成部分,在国民教育体系中占有举足轻重的地位,是创新型人才培养的主要阵地。高职院校作为教育体系中的重要组成部分,需要培育出更多社会工业发展所需要的人才。当前,我国的高职院校总量、规模都在持续扩大,但高职院校的教学质量却并未获得有效提高。因此,怎样培育社会需要的创新型人才是当前高职院校需要研究和解决的问题。本文就高职院校培养创新型人才的必要性、现状和问题进行阐述,进而提出相应的对策,希望可以进一步提升高职院校的教育质量与教学水平,为社会主义现代化强国建设培养出更多符合要求的创新型人才。

关键词

高职院校 创新人才 对策

一、引言

随着信息技术的迅猛发展以及新材料、新工艺的采用,人们逐渐意识到,国家科技创新力的根本源泉在于人,培养创新型人才是国家、民族长远发展的大计。创新型人才须具备更高的科技水平与文化素质。高职院校在创新型人才培养中依然存在一些问题,高职院校需要深刻反思与探讨,以此提升自身培养创新型人才的实力,并为国家经济社会发展贡献力量。

二、高职院校培养创新型人才的必要性和意义

(一)满足社会对创新型人才的需求

在网络发达的社会背景下,以技术创新作为培养高层次人才的有效路径,能为社会填充新的"血肉",从而推动社会经济文化的发展。科学技术是第一生产力,不断创新是发展科学技术的前提与根本条件。世界各国和地区发展经济都离不开教育,也离不开创造水平。大学毕业生等青年群体在劳动力市场上表现出更多的脆弱性。大学毕业生就业率不足的一部分原因是一些大学生不具备岗位所需要的能力。高职院校承担着培育高层次创新型人才的重要使命,为此,其必须改变传统保守的培养方式,培养出符合经济社会发展需求的人才,以助力中国经济社会的健康发展。

(二)提升高职院校学生的综合素质

我们所需要的并非单纯的基础型人才,而是全方位成长的复合型人才,这主要指的是可以把基础知识运用于实践的创新型人才,其须具备很强的动手操作能力和严密的创新思维能力。过去的教育只注重书本知识,甚至只是进行简单的知识培训,早已赶不上社会发展的步伐。培养创新型人才可以进一步提升学生的综合素养。

三、高职院校创新型人才培养现状

随着社会的不断发展和进步,高等教育的重要性越来越被人们认识和重视。在高等教育日益完善的同时,社会对创新型人才的需求也越来越强烈。高职院校的素质教育与职业教育关系紧密。因此,如何更好地培养出符合社会需要的创新型人才已经成为高职院校的重要课题,也是国内外关注的热点问题。国内高职院校在创新型人才培养方面已经有了很大的进步。很多高职院校越来越注重创新型人才培养。例如,国内许多高职院校开始在课程设置、教学方式等方面进行改革,注重实践教学以及院校与企业的紧密联系。这些举措使学生能够更好地将所学知识运用到实践中,同时也培养了学生的创新能力。在国外,创新型人才的培养同样很重要。美国等发达国家普遍采用"理论+实践"

教学模式,强调学生创新精神与实践能力的培养,学生在课程实践中自主思考、自主决策,成长为拥有实际操作能力的高水平人才。英国、德国等国家注重实习经验,鼓励学生积极参与社区工作、实习实践,增强学生的实践能力,使学生更好地为未来的就业做准备。

四、高职院校在创新型人才培养中存在的问题

高职院校在创新型人才培养方面存在以下问题。首先,教学理念不够新颖是制约高职院校创新型人才培养的重要因素之一。目前,一些高职院校在教学中仍采用传统的教育方式,教师只讲授知识,缺少创新教学方式的运用。这导致一些学生的思维方式较为单一,缺乏创新精神。其次,课程体系不够完善也是影响高职院校创新型人才培养的问题之一。高职院校的课程设置较为灵活,容易产生的问题是课程设置不合理、课程内容单一、学科交叉不够。此外,部分高职院校的课程设置也存在注重理论、忽视实践的倾向。再次,软硬件配套不足也制约着高职院校的创新型人才培养。由于各种条件的限制,很多高职院校并没有充分建设和完善软硬件设施,导致的结果是学生实践能力不足。最后,评价机制有待完善。目前,一些高职院校的评价机制存在许多问题,比如对学生的多方面能力评价不足,评价标准和方法不合理等。这使得学生只关注考试成绩,忽略了个人创新能力的提高。

五、高职院校培养创新型人才的路径

(一)树立创新型教育理念

高职院校在培育创新型人才中,首先应转变教学观念,以满足社会和时代需求为立足点,引导学生运用已有的知识与技能积极参与实践,在实践中增长才干。高职院校应将培育学生的创新理念作为重点教学内容,明确促进全体学生全面发展的教育方针,将创新能力培养融入学生学习实践全过程,培育创新文化。高职院校要积极鼓励互动式、启发式教学,以激发学生的创新设想,培养学生的好奇心、探索精神和批判性思维,着力营造积极开拓的创新文化导向,让学生在自由学习和探索中拓展思维、融会贯通,激发学生的创新思维和创新意识,培养学生独立分析问题、解决问题的能力。教师在教学活动中,要做好与学生之间的沟通工作,并主动地和学生探讨问题,积极发掘每一个学生的优势和闪光点。

(二)推进课程体制改革

高职院校要走出传统课程本位思维的束缚,教学设计环节要符合高职院校学生的年龄特点以及成长规律,还要考虑各行业对人才的需求,把握社会对高职院校学生的基本素质需求,从社会实际需要入手,适当安排教学课程,使学生做到"学而不废"。高职院校要建立起理论知识和实践相结合的课程体系,从理论知识的实践运用入手,强化学生的职业素质,使学生逐步适应高速发展的劳动力市场的需要。与此同时,高职院校要扩大实训教学范围,为学生创造充足的实训室使用时间,让学生在实训中有效地消化和理解在课堂学到的知识。此外,高职院校需要注重学生能力的提高,通过校企合作的形式,为毕业生争取去企业项目现场观摩与实验的时间。

(三)使制度和硬件配套,建立激励机制

高职院校在培育创新型人才中,需要从调动教师和学生的主体性和积极性入手。要发挥师生的主动性和积极性,高职院校需要建立一系列行之有效的制度,从制度方面为师生的创新实践保驾护航。这些制度包括针对教师的专业技术职务评聘绩效考核制度,针对学生的创造性的学分管理制度等。科学合理的鼓励措施不但可以培养出更多的创新型人才,而且可以提高高职院校创新型人才培养的力度与深度。另外,高职院校需要为教师的创新性实践活动提供硬件设施、科技条件,包括实验室、培训基地、人才平台等。在课程体系建设中,高职院校应把创新教学渗透到学生培养的整个过程,研究并建立符合高职院校学生特点的创新教学与网络资源共享模式。在研究和开发项目实践中,高职院校可以与有关企业、行业协会等单位共同开发创新教育课程体系和教学内容,还可以开发创新教育通识必修课和学科选修课。

(四)完善评价机制

传统的学生考核以基础知识的考核为前提,注重学生对专业知识的掌握,以考试分数为主要考核手段。在创新型人才培养中,高职院校要改变传统的教学方法,建立多样化、多类型的课堂教学考核体系,不能将考核局限于成绩评价,应采用开卷与闭卷相结合、理论与实操相结合的综合考核评估手段。同时,高职院校也要发挥自身的特色,促进学生的多样化成长。教师应努力丰富教学方式,不拘泥于传统的教材和讲义,采用微课、慕课等多样化的教学方式,并积极参与教师专业讲座、知识交流会等,多采用研讨法、启发法的教学模式,全面提高自身的教学能力和职业道德素质。高职院校还要健全教师与学生的互评机制,注重教师和学生的创新能力的提高,使考核体系公平、公正、适当、合理。

(五)实现学生个性化发展

高职院校在培育创新型人才时,最关键的是发现每一个学生的特色与亮点,并开发他们的潜能。高职院校在人才培养中要贯彻以人为本理念,因此,教师要合理设计教学活动,既适应学生的发展需要,又培养他们的创新能力,切实做到因材施教。同时,高职院校也要重视对教师创造力的培养,使教师真正拥有教学自由,并营造宽松活跃的教学与文化氛围。

六、结束语

综上所述,高职院校肩负着培养创新型人才的责任。受各种因素的影响,高职院校在培养创新型人才中存在一些问题。为切实提高创新型人才培养效率,高职院校需要努力提高自身的教学水平,积极探索多类型的发展途径,建设科学的教育体系,营造优秀的创新型文化氛围,助力学生成长为适应经济社会发展需要的创新型人才。未来,我们也需要合理利用先进的科学技术,帮助学生勇于探索和创新,多开展实践,进而增强自身的动手能力和自信心。

参考文献

[1] 张兴华.职业教育现代化背景下高职院校创新创业课程"三教"改革路径研究[J].科教导刊,2023(12):8-10.

[2] 吴海波,陆莹.基于桂作技艺传承创新的高素质复合型家具艺术设计技术技能人才培养探索与实践[J].美术教育研究,2022(2):133-134,137.

Chapter 2

现代轨道交通

铁路货车车轮踏面损伤分析

孟素英[1]　张　涛[2]　王良云[2]

(1. 武汉铁路职业技术学院；2. 中国铁路昆明局集团有限公司)

摘　要

　　目前，在现场运用中，铁路货车车轮踏面损伤故障仍较为突出，不仅增加了车辆检修成本，而且影响了轨道设施的使用寿命。如果车轮踏面损伤严重，还会影响列车行车安全。因此，对车轮踏面损伤形成的原因进行分析具有重要的实际意义。本文介绍了铁路货车车轮踏面的三种主要损伤类型：车轮踏面圆周磨耗、车轮踏面擦伤、车轮踏面剥离，并根据对现场检修车车轮踏面损伤的大量观察，分析了各类损伤的形成原因，提出了应对策略，以期为减少铁路货车车轮踏面损伤故障提供参考。铁路通用货车主要采用踏面制动方式，本文还统计了某检修单位2020年、2021年的检修车车轮踏面损伤情况，研究了踏面制动对车轮踏面损伤的影响，得出踏面制动不是造成车轮踏面圆周磨耗、擦伤、剥离的主要原因，必须从控制车轮轮径差、优化制动梁结构设计、规范调车作业等方面入手，才能降低车轮踏面损伤率。

关键词

　　车轮踏面圆周磨耗　车轮踏面擦伤　车轮踏面剥离　形成原因　踏面制动

一、引言

　　车轮是铁路货车的重要走行部件，良好的车轮踏面具有便于通过曲线、可自动对中、降低轮轨磨耗的作用。车轮踏面良好与否直接影响车辆运行稳定性和行车安全，也会对轴承等配件的使用寿命产生影响。在运用中，铁路货车车轮踏面损伤类型主要有三种：

车轮踏面圆周磨耗、车轮踏面擦伤、车轮踏面剥离。目前,在现场运用中,车轮踏面损伤故障仍较为凸显,是当前货车运用中惯性、频发故障之一。本文将分析各类损伤的形成原因,提出应对策略,并研究制动对车轮踏面损伤的影响。另外,本文还将通过统计某车辆段站修作业场2020年、2021年检修车的车轮更换记录,分析制动对车轮踏面损伤的影响。

二、车轮踏面损伤的主要类型、形成机理及其原因

铁路货车车轮踏面损伤类型主要有三种:车轮踏面圆周磨耗、车轮踏面擦伤、车轮踏面剥离。

(一)车轮踏面圆周磨耗

车轮踏面圆周磨耗分为正常磨耗和非正常磨耗。其中,车轮踏面正常磨耗是沿着踏面形貌均匀一致的磨耗,是正常运行工况下必然存在的磨耗。车轮踏面正常磨耗和非正常磨耗形貌如图1和图2所示。

图1 车轮踏面正常磨耗

车轮踏面的正常磨耗与轴重,运行速度,运行里程,轮轨的几何、硬度匹配,轮轨间表面状态等因素有关。目前,人们对车轮踏面圆周磨耗的研究方法主要是仿真预测、实验室试验研究、线路运行测量。中国铁道科学研究院(简称铁科院)根据环行线不同轴重车辆35万千米试验运行里程的车轮磨耗数据,计算出了车轮踏面圆周平均磨耗率,并推导出了与运行里程、轴重、自重相关的车轮圆周磨耗量经验公式。[①]

---

① 丁勇,王新锐,曲金娟.铁路货车车轮伤损及踏面磨耗规律的研究[J].铁道机车车辆,2011(6):32-37.

图 2 车轮踏面非正常磨耗

若车辆在缓解工况下,制动梁复原力很小,制动梁不能回位[①],闸瓦与车轮踏面贴靠,将导致车轮踏面非正常磨耗。有学者在试验过程中发现,车辆在进入曲线时制动梁滑块与滑槽卡滞,制动梁失灵,结合现场车轮踏面圆周磨耗外形,学者们分析认为,该现象可能与转向架部位和制动梁悬挂形式有关。[②]

(二)车轮踏面擦伤

若车轮在钢轨上滑行,车轮滑行区域热量不断增加,温度升高,使珠光渗碳体产生球化作用,导致屈服点和断裂韧性下降。车轮正常滚动后,较浅的擦伤可能会由于轮轨摩擦而消失。车轮踏面擦伤如图 3 所示。

同一车辆上,可能会有单个或多个车轮擦伤。擦伤的车轮同轴或者非同轴,在车辆同侧或异侧。造成车轮踏面擦伤的主要有车务、车辆等原因。

在车务方面,在驼峰溜放或编组场作业时,制动员用铁鞋对车辆制动,车轮压在铁鞋上,和铁鞋一起在轨面上滑行。车轴停止转动,另一侧车轮在轨面上滑行造成车轮踏面擦伤。铁鞋制动造成的车轮擦伤特点为同轴上单个车轮踏面擦伤。

---

① 林量才.铁路货车提速转向架组合式制动梁缓解不良问题分析[J].铁道车辆,2008(9):35-38.
② Sun Jian,等.减少车轮剥离的研究[J].侯卫星,译.国外铁道车辆,1999(2):12-16.

图 3 车轮踏面擦伤

在车辆方面,制动工况下,若轮轨间的黏着力小于轮瓦间的制动力,车轮将发生滑行。制动造成的踏面擦伤特征为同一车轴的两个车轮同时发生擦伤,且位置对称,平行于车轴。

(三)车轮踏面剥离

车轮踏面剥离是车辆在运行过程中,由摩擦热作用和(或)轮轨接触疲劳引起的车轮踏面局部或圆周上裂纹、金属剥落的现象。

按剥离机理不同,我们可以将车轮踏面剥离分为三种:整体或局部接触疲劳剥离、制动剥离、局部擦伤剥离。[1] 目前,我们在现场发现的整体或局部接触疲劳剥离故障较少。出现这一现象的原因有两个:一是车轮质量提高;二是车辆车轮踏面圆周磨耗现象突出,这可能在一定程度掩盖了整体或局部接触疲劳剥离故障。

我们在现场发现的车轮踏面剥离类型主要为擦伤剥离和制动剥离,其中大部分为擦伤剥离。擦伤剥离为先擦伤后剥离,即车轮先在钢轨上滑行擦伤,擦伤部位发生相变,经过一段时间的运行,在轮轨接触力的作用下,擦伤部位发生疲劳剥离。车轮踏面擦伤剥离如图 4 所示。

---

[1] 张斌,付秀琴.铁路车轮、轮箍踏面剥离的类型及形成机理[J].中国铁道科学,2001(2):73-78.

图 4　车轮踏面擦伤剥离

三、分析制动对车轮踏面损伤的影响

笔者统计了某车辆段站修作业场2020年(2月至12月,共6403辆)、2021年(1月至12月,共4610辆)检修车的车轮更换记录,发现车轮更换率为4%,即在每100个车轮中需要更换4个车轮。在被更换的车轮中,踏面损伤类型及比例如表1所示。

表 1　车轮踏面损伤类型及比例

年份	车轮踏面损伤类型占比			
	车轮踏面圆周磨耗占比	车轮踏面擦伤占比	车轮踏面剥离占比	其他占比
2020年	21.53%	34.35%	37.36%	6.76%
2021年	24.87%	28.85%	34.52%	11.76%
平均	23.20%	31.60%	35.94%	9.26%

从表1可知,车轮踏面圆周磨耗、车轮踏面擦伤、车轮踏面剥离是车轮踏面损伤的主要类型,也是车轮更换的主要原因。

笔者进一步统计分析,有如下发现:检修车中,更换单个车轮的车辆平均比例为83.01%,即检修车主要为单个车轮踏面损伤。

笔者经过检查,确认超过99%的、由车辆运行品质动态监测系统(Transactions on Parallel and Distributed System,TPDS)预报的车轮都存在不同程度的踏面损伤故障,这说明该系统对车轮踏面损伤预报具有很高的准确性及可靠性。笔者统计检修记录后发现,在该系统预报的损伤车轮中,同轴两轮均损伤的平均概率仅为2.10%。笔者分类整理出了三种主要损伤类型中同轴两轮均损伤的比例,如表2所示。

表2 三种主要损伤类型中同轴两轮均损伤的比例

车轮踏面损伤类型	车轮踏面圆周磨耗	车轮踏面擦伤	车轮踏面剥离
同轴两轮均损伤的比例	9.05%	6.65%	5.84%

由表2中的数据,我们可以得出以下结论:第一,在三种车轮踏面损伤类型中,车轮踏面圆周磨耗的同轴两轮均损伤的比例最大,其次为车轮踏面擦伤,但均不超过10%,即踏面损伤的车轮主要为非同轴车轮;第二,制动时,闸瓦可能对车轮踏面造成的影响是同轴两轮同时被损伤,且位置对称、平行于车轴,所以制动不是造成车轮踏面圆周磨耗、擦伤、剥离的主要原因。

四、结束语

笔者通过以上对现场大量检修车车轮踏面损伤形貌的观察、分析,得出以下四个结论。

第一,目前铁路货车车轮踏面损伤主要为踏面非正常磨耗、非制动引起的擦伤和踏面擦伤剥离,且大部分检修车为单个车轮踏面损伤。车轮踏面的磨耗与轴重,运行速度,制动初速度,运行里程,轮轨的几何、硬度匹配,轮轨间表面状态等因素有关。[1][2][3]

第二,在各种损伤类型中,同轴上两轮均损伤的最大比例均不超过10%,即制动不是造成踏面擦伤和擦伤剥离、磨耗的主要原因。同时,随着轴重的增加,踏面制动的最高温度呈加速增长的趋势。例如,32.5吨轴重的货车初速为90km/h时,如果发生紧急制动,其产生的热负荷水平与23吨轴重的货车在120km/h紧急制动一致。[4] 因此,减少制动热负荷,避免车轮踏面热损伤,有利于减少制动剥离故障。

第三,新轮对或镟修后的检修轮对的初始轮径差、制动梁缓解阻力大等因素的影响,使得同轴单侧车轮踏面发生圆周磨耗,这可能是货车车轮踏面非正常磨耗的初期原因。随着车辆在轨道上运行,车轮踏面磨耗加剧,同轴两轮的轮径差增大,轮对向轮径偏小的

---

[1] 胡海滨.大秦铁路货车车轮磨耗问题的调查与研究[J].铁道学报,2010,32(1):31.
[2] 丁勇,王新锐,曲金娟.铁路货车车轮伤损及踏面磨耗规律的研究[J].铁道机车车辆,2011(6):32-37.
[3] 熊嘉阳,邓永权,曹亚博,等.重载铁路轮轨磨耗及其对安全运行的影响[J].西南交通大学学报,2014(2):302-309.
[4] 李兰,常崇义.基于热—机耦合的大轴重车轮踏面制动热负荷仿真分析[J].铁道机车车辆,2014,34(2):25-30.

一侧横移量增加,小轮径车轮的轮缘与钢轨贴靠、磨耗,闸瓦也可能碰触、磨耗轮缘[①],以及制动梁缓解阻力大[②]等因素的影响,都会进一步加剧踏面非正常磨耗。

第四,制动虽不是造成车轮踏面圆周磨耗、擦伤、剥离的主要原因,但是为了降低车轮踏面损伤,我们须做出如下努力:合理设计制动相关参数或改变制动形式,避免车轮踏面热损伤;优化转向架的制动梁滑槽部位和制动梁结构,降低缓解阻力;控制新造和检修轮对的初始轮径差;规范现场作业,减少车轮踏面损伤。

参考文献

[1] 胡海滨,吕可维,邵文东,等.大秦铁路货车车轮磨耗问题的调查与研究[J].铁道学报,2010(1):31-37.

[2] 丁勇,王新锐,曲金娟.铁路货车车轮伤损及踏面磨耗规律的研究[J].铁道机车车辆,2011(6):32-37.

[3] 熊嘉阳,邓永权,曹亚博,等.重载铁路轮轨磨耗及其对安全运行的影响[J].西南交通大学学报,2014(2):302-309.

[4] 林量才.铁路货车提速转向架组合式制动梁缓解不良问题分析[J].铁道车辆,2008(9):35-38.

[5] Sun Jian,等.减少车轮剥离的研究[J].侯卫星,译.国外铁道车辆,1999(2):12-16.

[6] 张斌,付秀琴.铁路车轮、轮箍踏面剥离的类型及形成机理[J].中国铁道科学,2001(2):73-78.

[7] 李兰,常崇义.基于热—机耦合的大轴重车轮踏面制动热负荷仿真分析[J].铁道机车车辆,2014,34(2):25-30.

[8] 张显峰,邓小剑,李亨利,等.大秦线 C_{80BF} 型运煤专用敞车轮瓦及轮轨关系试验研究[J].铁道机车车辆,2016,36(3):61-66.

---

① 张显峰,邓小剑,李亨利,等.大秦线 C_{80BF} 型运煤专用敞车轮瓦及轮轨关系试验研究[J].铁道机车车辆,2016,36(3):61-66.

② 林量才.铁路货车提速转向架组合式制动梁缓解不良问题分析[J].铁道车辆,2008(9):35-38.

基于图神经网络的城市轨道交通流量预测的研究

苏 雪

(武汉铁路职业技术学院)

摘 要

交通流量预测对于智能城市轨道交通系统的调度控制非常重要。近年来,包括卷积神经网络和递归神经网络在内的深度学习模型已广泛应用于交通流量预测。本文基于图神经网络,做出轨道交通流量预测,研究并分析了当前交通流量预测中采用的主流图神经网络模型建模方式及各自的特点。

关键词

城市轨道交通系统　交通流量预测　图神经网络

一、引言

城市轨道交通系统是现代城市最重要的基础设施之一,支撑着数百万人的日常出行。伴随着城市化脚步的加快和城市人口的增长,城市轨道交通系统网络变得更加复杂。随着交通流量日益变得庞大,调度控制的智能化水平越来越高。

基于交通预测的早期干预被视为提高交通系统效率和缓解交通相关问题的关键。在智能城市和智能交通系统(Intelligent Traffic System,ITS)的开发和运营中,人们通过安装在轨道上的传感器(例如环路检测器)、地铁系统交易记录、交通监控视频,甚至智能手机全球定位系统(Global Positioning System,GPS)等方式收集数据,来呈现交通流量状态。智能交通系统的一个核心组成部分是交通预测,其目标是实时、准确、可靠地测量、建模和预测交通状况,以优化流量并缓解交通拥堵,并对其他问题(例如交通信号灯控制、到达时间估计)做出充分响应,其被广泛应用于新路段的规划。然而,智能交通系统的发展面临一系列非常具有挑战性的问题。交通预测问题比其他时间序列预测问题更具挑战性,这是因为它涉及高维的大数据量,以及包括紧急情况在内的多种动态(例如交通意外)。特定位置的交通状态既有空间依赖性,也有时间依赖性。传统的线性时间序列模型考虑了各种交通方式的短期和长期交通预测问题,引入了机器学习(Machine Learning,ML)和深度学习技术以提高预测的准确性,例如,有学者应用卷积神经网络(Convolutional Neural Networks,CNN),将整个城市建模为网格。[①] 然而,基于卷积神经网络的方法对于处理具有基于图形形式的交通森林问题并不是最优的。

近年来,图神经网络(Graph Neural Networks,GNN)已成为深度学习研究的前沿,在各种应用中显示出先进的性能。[②] 图神经网络非常适合用于处理交通预测问题,因为它能够捕获空间依赖性,空间依赖性使用非欧几里得结构表示。例如,道路网络是一个图,以轨道交通站点为节点,以道路连接为边。以图形为输入,几个基于图神经网络的模型在道路交通流量和速度预测问题等任务上显示出了优于以前方法的性能,如扩散卷积循环神经网络模型。[③]

本文的重点是探索图神经网络(一种新的深度学习模型家族)在城市轨道交通预测中的最新发展和应用。

二、城市轨道交通流量预测

城市轨道交通流量预测是时空数据挖掘和城市轨道交通计算中的一个子问题。它旨在根据一系列历史城市轨道交通状态预测城市轨道交通网络中未来的交通状况。预测的典型变量包括速度、体积、密度、流量、拥堵状况和占用率等。本文中的大多数工作都遵循等效或相似的问题公式:

$$H = F(X_t, G) \mid X_t = \{x^1, x^2, \cdots, x^N\} \quad (式1)$$

在式(1)中,图 $G = (V, E, W)$ 表示问题的一些隐藏结构(例如传感器之间的空间距离或它们的时间序列之间的相似性),我们试图将其作为归纳偏差模型,其中 V 是节点集,E 是边集,W 为加权邻接矩阵。X_t 表示 G 中节点在 t 时刻的所有特征值。我们的目

---

① Vlahogianni E I, Karlaftis M G, Golias J C. Short-term Traffic Forecasting: Where We Are and Where We're Going[J]. Transportation Research Part C: Emerging Technologies, 2014(43): 3-19.

② Yu Ting, Li Mengzhang, Zhang Jiyong, et al. 3D Graph Convolutional Networks with Temporal Graphs: A Spatial Information Free Framework for Traffic Forecasting[J/OL]. [2009-03-03]. https://arxiv.org/abs/1903.00919.

③ He Kaiming, Zhang Xiangyu, Ren Shaoqing, et al. Deep Residual Learning for Image Recognition[M]// Proceedings of the IEEE Conference on Computer Vision and Pattern Recognition. Las Vegas, 2016.

标是一个学习函数 F,在给定 M 个历史时间步长的序列下,预测接下来的 N 个时间步长的节点交通流量状态,可得到如下公式:

$$F([X_{t-M+1},\cdots,X_t];G)=[X_{t+1},\cdots,X_{t+N}] \quad (式2)$$

(一)城市轨道交通流量数据

我们可以根据时空和结构属性来对城市数据进行分类。根据时空属性,我们可以把城市数据分为三类:时空静态数据、空间静态但时间动态数据和时空动态数据。根据结构属性,我们可以把城市数据分为两类:基于点的城市数据和基于网络的城市数据。此外,我们还可以根据来源对城市数据进行分类,如地理数据、交通数据、社交网络数据等,每一种都可以进一步细分。城市轨道交通数据包括环路检测数据、浮动车数据、通话记录、监控摄像头数据、手机定位数据、停车记录等。

(二)传统的城市轨道交通流量预测

在过去的几十年里,来自交通系统、经济学、统计学和机器学习等不同领域的研究人员开发了不同的交通流量预测方法。这些方法可以分为两类:知识(或模型)驱动方法和数据驱动方法。其中,知识驱动方法通常旨在通过微分方程和数值模拟对交通网络进行建模和解释。尽管这些模型可以相当准确地再现真实的交通状况,但它需要人们具有先验知识,做出详细的建模,需要耗费大量的计算资源,并且这种方法不适用于其他情况。

在交通流量预测中使用的传统数据驱动方法可分为两类:不对空间依赖性建模的方法和对这种依赖性建模的模型。前一类包括历史平均(History Average,HA)模型、自回归综合移动平均(Auto-Regressive Integrated Moving Average,ARIMA)模型、季节性自回归综合移动平均(Seasonal Auto-Regressive Integrated Moving Average,SARIMA)模型、K 最近邻(K-Nearest Neighbor,KNN)模型、支持向量回归(Support Vector Machines,SVM)模型、隐马尔可夫模型(Hidden Markov Model,HMM)等。运用这些模型时,人们通常需要有仔细的特征工程,并且依赖数据来满足某些假设,例如平稳性。然而,真实数据通常过于复杂并且经常违反这些假设,这导致在许多情况下这些模型的性能不佳。对空间依赖性进行建模的方法涉及向量自回归综合移动平均模型、时空自回归综合移动平均模型和时空隐马尔可夫模型。同样,这些建模方法表现不佳,因为它们不够复杂,无法对数据的非线性和非平稳性进行建模。

(三)基于深度学习的城市轨道交通流量预测

深度学习方法是一种机器学习方法,通过组合来自较低层的较简单特征,在较高层上组合越来越复杂的非线性特征,从而学习多层表示。这种复杂表示的学习大部分是自动完成的,不依赖于人工进行特征工程,这需要时间和专业领域知识。近年来,深度学习在图像识别、自然语言理解方面发展迅速。同样,深度学习在流量预测中的应用也非常成功,产生了一批先进的成果。一些较早的架构没有对空间依赖性进行建模,而是使用标准前馈网络、深度信念网络或循环神经网络,例如长短期记忆网络和门控循环单元网络。然而,这些模型仍然无法模拟交通问题中存在的复杂空间依赖性。由于卷积神经网络主要适用于嵌入网格线欧几里得空间中的数据,它们并不是现实世界道路网络的自然架构。接下来,笔者将详细介绍如何使用图神经网络的模型改进这些架构。

三、图神经网络

卷积神经网络中使用的卷积运算符非常强大,但仅限于标准网格数据,即源自规则、二维、三维或更高维欧几里得空间的数据。由于各种重要的机器学习问题涉及图结构数据的任务,例如节点分类或分子生成,研究人员开发了一系列深度学习模型,用于归纳偏差。这些模型通常被称为图神经网络,它们是自然处理图数据的神经网络。迄今为止,人们开发的几个主流的图神经网络模型主要有四种,即循环图神经网络模型、图注意力网络模型、卷积图神经网络模型、图自动编码器。笔者接下来将对循环图神经网络模型、图注意力网络模型进行简要阐述,并探讨图神经网络统一模型。

(一)循环图神经网络模型

循环图神经网络模型[1]是第一个可以处理一般类型图(例如,有向图、无向图、循环图或非循环图)的神经网络模型。该模型的基本概念是每个节点 v 都可以用低维状态向量 h_v 表示,并根据从每个节点到其邻居的信息扩散机制由其特征和邻居定义。学习这种表示的目的是可以将其反馈到输出函数 g,称为局部输出函数,从而产生输出值或标签 o_v,分别用于回归或分类。该模型还定义了局部转换函数 f。两者都由所有节点共享。这些节点的表示和输出可以用如下公式呈现:

$$h_v = f(x_v, x_{co[v]}, h_{ne[v]}, x_{ne[v]}) \qquad (式3)$$

$$o_v = g(h_v, x_v) \qquad (式4)$$

其中,x_v、$x_{co[v]}$、$h_{ne[v]}$、$x_{ne[v]}$ 是节点 v 的边和邻居的状态特征。

式(3)和式(4)的直观表示如图1所示。通过从其邻居传播信息,循环图神经网络模型迭代地学习节点表示,直到收敛。

---

[1] LeCun Y, Bengio Y, Hinton G. Deep Learning[J]. Nature, 2015(521): 436-444.

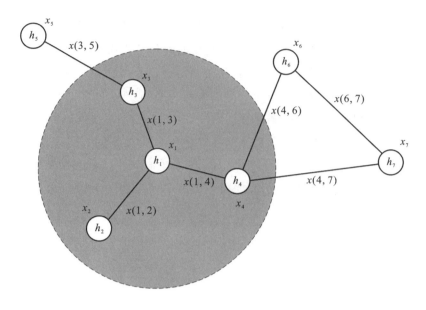

$h_1 = (x_1, x_{(1,2)}, x_{(1,3)}, x_{(1,4)}, h_2, h_3, h_4, x_2, x_3, x_4)$

图 1　在循环图神经网络模型中,从一个节点的近邻域的状态和特征传播信息的示例

为了学习函数 f 和 g,循环图神经网络模型在监督节点定义了一个损失函数,并使用梯度下降方案:迭代更新 H^t 直到达到收敛标准;计算关于 f 和 g 权重的损失梯度,并更新权重。

(二)图注意力网络模型

在图注意力网络模型中,注意机制是深度学习的最新发展,已在机器翻译等任务中取得成功。图 2 说明了为什么注意力机制有助于对节点的邻域进行建模,即通过利用每个邻居的类型来分配不同的重要性权重。

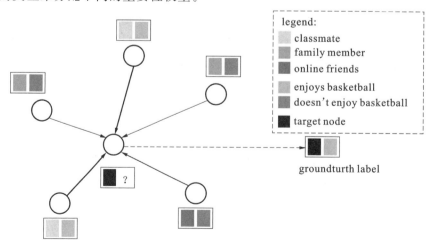

图 2　图注意力增强预测

每个邻居的类型用于分配注意力,链接大小表示对每个邻居应用多少注意力。这个例子说明了将我们的注意力集中在作为同类节点身上将如何提高我们对活动乐趣的预测。

图注意力网络模型是第一个在图神经网络中加入注意力机制的模型,它消除了节点的所有邻居都贡献相等或预定义权重的要求。图注意力网络模型还提出合并多头注意力机制,其具有重要的优势,因为节点-邻居对的计算是可并行的,并且它可以自然地应用于具有不同邻居数量的节点。

(三)图神经网络统一模型

迄今为止,人们开发了不同类型的图注意力网络模型,人们还努力在通用框架下统一图神经网络模型。非局部神经网络(Non-Local Neural Network,NLNN)模型统一了不同的自我注意机制,而消息传递神经网络(Message Passing Neural Network,MPNN)模型使用消息传递方案概括了几种图神经网络模型。在消息传递神经网络模型中,消息m_v^t在时间步t从每个节点v传递,可以用如下公式表示:

$$m_t^{t+1} = \sum_{u \in N(v)} M^t(h_v^t, h_v^{t+1}, e_{vu}) \tag{式5}$$

四、基于图神经网络的交通流量预测

图和道路或地图之间的联系与图论一样古老,可以追溯到欧拉对哥尼斯堡问题的表述和解决方案。节点可以表示道路交叉口,边可以模拟它们之间的路段。或者,几乎同样自然地,节点可以表示路段上的点,交通变量由传感器测量,而边缘表示这些位置之间的某种关系,例如它们之间的最短路径距离。通常情况下,添加时间分量可以很自然地进行,图中的每个节点都会定义一个特征向量的时间序列,例如某个位置的交通速度和交通流量的历史记录。

基于图神经网络的城市轨道交通流量预测可以作为将模型扩展到时域的尝试。原则上,将多种类型的图神经网络方法与现有时间序列分析模型、预测方法的多样性相结合,能为交通流量预测提供更多可能性。本文中提及的图神经网络模型的共同点是将图神经网络作为模型的核心,它们结合了人们在其他应用领域中发现的强大的最新技术,会因大多数现代深度学习范例而发生变化。这些包括注意机制、多图、动态图、扩散核、图波网、初始模型、深度图、残差网络、小波变换等。

(一)建模

我们首先描述时空图卷积网络(Spatial Temporal Graph Convolutional Network,STGCN)[1]和扩散卷积递归神经网络(Diffusion Convolutional Recurrent Neutral Network,DCRNN)[2]。STGCN 将基于光谱的 Cheb-Nets 与一维卷积相结合,以建模和预测传感器所在的不同位置的交通速度。GCN 和 CNN 沿多个层交替运行,GCN 捕获空间依赖性,而 CNN 捕获时间依赖性。图 3 是类似于 STGCN 使用的方案的图示,其中 CNN 与 GCN 相结合。

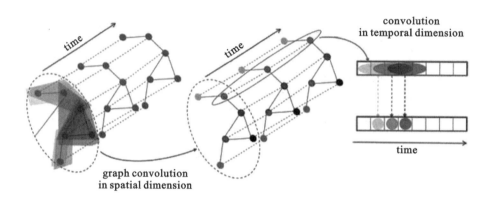

图 3　结合 GNN 和 CNN 来捕获空间和时间的依赖性

DCRNN 采取相反的方向:它们使用 RNN 而不是一维卷积来模拟时间依赖性,此外,DCRNN 使用基于空间的 GCN 而不是基于光谱的 GCN 来模拟空间依赖性。这是通过将 GCN 合并到门控循环单元(Gate Recurrent Unit,GRU)中来完成的。基于扩散卷积神经网络,DCRNN 使用概率转移矩阵 $\boldsymbol{P}=\boldsymbol{D}^{-1}\boldsymbol{A}$ 定义图卷积。

$$\boldsymbol{H}=\sum_{k=0}^{K}f(\boldsymbol{P}^k X W^{(k)})\quad\quad(式6)$$

其中 $f(\ )$ 是激活函数,$W^{(k)} \in R^{D \times F}$。实际上,DCRNN 假设通过在节点之间传递信息,网络可以达到由概率转移矩阵捕获的平衡状态。DCRNN 还使用编码器-解码器架构来预测未来的时间步长。

最近的几个模型提出了一种不同且有前途的方法,包括多视图卷积网络(Multi-View Attribute Graph Convolution Network,MVGCN)、多残差递归图神经网络(Multi-Residual Recurrent Graph Neural Network,MRes-RGNN)、基于 Motif 的图卷积递归神

---

① De Cao N, Kipf T. MolGAN: An Implicit Generative Model for Small Molecular Graphs[EB/OL]. [2018-05-30]. https://arxiv.org/abs/1805.11973.

② Pan Shirui, Hu Ruiqi, Fung Sai-Fu, et al. Learning Graph Embedding with Adversarial Training Methods[J]. IEEE Transactions on Cybernetics,2019,50(6):2475-2487.

经网络(Motif-GCRNN)和时空图起始残差网络(STGI-ResNet)等。在这些方法中,典型的重复时间模式被分组,以利用我们知道的典型流量中存在的归纳偏差,例如每天或每周的时间段。举个例子,如果要预测周五早上 9 点的交通速度,原则上,我们不仅要考虑前几个小时的交通情况,还要考虑周一至周四早上 9 点的交通情况,才能做出更好的预测,图 4 说明了这种方法。如图 4 所示,这些方法通常还可以处理对城市交通产生重大影响的外部因素,例如天气和不规则事件(例如道路交通事故)。

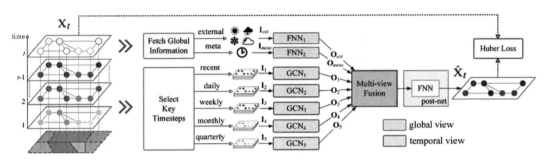

图 4 周五早上 9 点的交通速度预测

(二)数据集

尽管存在上述差异,但几乎每个模型都在具有相似配置的相似数据集中进行实验评估。除了少数外,多数数据集的时间步长为 5 分钟,预测范围为 15、30 和 60 分钟(即 3、6 和 10 个时间步长)。数据集的扩展也经常在 4 个月左右,相当于大约 35000 个时间步长。

两个数据集(METR-WH02 和 METR-WH06)表现特别突出,最常用于基准测试。[①]这些数据集包含武汉两个地铁线路的不同位置的传感器收集的交通信息。通常只使用其中一小部分数据。例如,数据以 5 分钟的间隔聚合,并且仅使用 200 到 1000 个传感器来测试模型。

五、结束语

虽然深度学习模型,尤其是图神经网络,在各种流量预测任务中取得的成效非常显著,但仍然存在许多未解决的问题,城市轨道交通流量预测仍然是一个热点问题。这为未来的研究提供了机会,其中包括以系统的方式整合外部因素(如道路交通事故和节假日)、设计更复杂的评估指标、将交通流量预测与其他下游应用相结合、从容积或速度预测到旅行时间预测等,这些都能提高模型的可解释性。

---

① Chen Cen, Li Kenli, Teo S G, et al. Gated Residual Recurrent Graph Neural Networks for Traffic Prediction[M]//Proceedings of the AAAI Conference on Artificial Intelligence. Singapore, 2019.

参考文献

[1] Lana I, Del Ser J, Velez M, et al. Road Traffic Forecasting: Recent Advances and New 13 Challenges[J]. IEEE Intelligent Transportation Systems Magazine, 2018, 10(2): 93-109.

[2] Zheng Yu, Capra L, Wolfson O, et al. Urban Computing: Concepts, Methodologies, and Applications[J]. ACM Transactions on Intelligent Systems and Technology, 2014, 5(3): 1-55.

[3] Vlahogianni E I, Karlaftis M G, Golias J C. Short-term Traffic Forecasting: Where We Are and Where We're Going[J]. Transportation Research Part C: Emerging Technologies, 2014(43): 3-19.

[4] Yu Ting, Li Mengzhang, Zhang Jiyong, et al. 3D Graph Convolutional Networks with Temporal Graphs: A Spatial Information Free Framework for Traffic Forecasting[J/OL]. [2009-03-03]. https://arxiv.org/abs/1903.00919.

[5] He Kaiming, Zhang Xiangyu, Ren Shaoqing, et al. Deep Residual Learning for Image Recognition[M]//Proceedings of the IEEE Conference on Computer Vision and Pattern Recognition. Las Vegas, 2016.

[6] Jiang Weiwei, Zhang Lin. Geospatial Data to Images: A Deep-learning Framework for Traffic Forecasting[J]. Tsinghua Science and Technology, 2019, 24(1): 52-64.

[7] LeCun Y, Bengio Y, Hinton G. Deep Learning[J]. Nature, 2015(521): 436-444.

[8] De Cao N, Kipf T. MolGAN: An Implicit Generative Model for Small Molecular Graphs[EB/OL]. [2018-05-30]. https://arxiv.org/abs/1805.11973.

[9] Pan Shirui, Hu Ruiqi, Fung Sai-Fu, et al. Learning Graph Embedding with Adversarial Training Methods[J]. IEEE Transactions on Cybernetics, 2019, 50(6): 2475-2487.

[10] Chen Cen, Li Kenli, Teo S G, et al. Gated Residual Recurrent Graph Neural Networks for Traffic Prediction[M]//Proceedings of the AAAI Conference on Artificial Intelligence. Singapore, 2019.

智能高速铁路基础理论、关键技术及应用——以京张智能高速铁路为例

潘永军

(武汉铁路职业技术学院)

摘 要

我国铁路建设逐步向高速化、智能化方向发展。铁路建设现代化的一个重要标志是高速铁路的迅速发展,将智能化技术运用到我国高速铁路建设中是现阶段以及未来我国铁路建设的重要内容。本文主要以京张高速铁路的建设和复兴号智能动车组的运用为例,介绍了智能高速铁路相关基础理论以及现代化智能技术的应用。与普通的动车组相比较,复兴号智能动车组的智能服务和智能运维是一大亮点,同时,为配合完成2022年北京冬季奥林匹克运动会(冬奥会)的旅客运输任务,复兴号智能动车组还搭载了5G高清赛事直播平台,这极大地改善了旅客的乘车体验。

关键词

智能　高速铁路　动车组

一、引言

现阶段,我国高速铁路的定义为:新建设计开行250千米/小时(含预留)及以上动车组列车,初期运营速度不小于200千米/小时的客运专线铁路。截至2021年底,我国高速铁路建设营业总里程已经超过4万千米。2016年,我国提出构建"八纵八横"高速铁路主通道,到2022年已基本建设完成。高速铁路的建设包括线路建设、信号系统建设、牵引变电所建设、联调联试、编制运行图、动车组运用等多方面的建设。

现阶段,已经有多种智能化技术被运用到高速铁路建设中,包括CRTS-Ⅲ型无砟轨

道板智能精调系统,在 CTCS-3/CTCS-2 列车运行控制系统基础上研发的 ATO 列车自动运行系统,高速铁路牵引变电所智能运维以及大数据管理系统,具有智能化检测功能的"黄医生"(高速综合检测列车),复兴号智能动车组"瑞龙智行"(CR400AF-BZ)和"龙凤呈祥"(CR400BF-BZ),北京冬奥列车"瑞雪迎春"等。

高速铁路信号与控制系统是动车组运行的关键系统,主要由车站联锁系统、调度集中系统以及列车运行控制系统等组成。目前,高速铁路信号基本制式已基本成熟,信号设备的安全性也得到了公认。

高速铁路的建设越来越离不开科学技术的支持,其中最突出的体现是高速铁路的智能化趋势越来越明显。中国以智能高速铁路为总的引领,利用人工智能、大数据分析、云计算、5G 通信技术等新兴技术,建设了京张智能高速铁路、京雄智能高速铁路等高速铁路工程,实现了智能运维、智能控制、自动驾驶、故障智能分析处理等功能。在智能技术迅速发展的形势下,运用新技术助力高速铁路的智能发展,实现智能化与铁路建设、高速铁路运营、动车组运用等的深度融合,能提高铁路服务设施的服务水平,推动高速铁路的智能化发展。

二、关键技术及应用

(一)京张智能高速铁路

京张智能高速铁路线路总长度为 174 千米,设计时速 350 千米,采用了北斗卫星导航系统,这是我国首次将北斗卫星导航系统应用在高速铁路建设中的伟大实践。京张高速铁路采用了基于 IEC 61850 标准的变电所智能化保护系统,保护测控系统采用了典型的"三层两网"的系统架构。在该系统中,一次设备配置了合并单元和智能终端,成为智能一次设备,在合并单元、智能终端与微机保护装置之间搭建了基于 IEC 61850 标准的过程层网络,用于控制、保护所需模拟量和数字量的传输与共享,在微机保护测控装置与站控层设备之间搭建了站控层网络,用于传输监控信息。该变电所保护系统强化了信息综合分析处理能力,具备了站域保护、广域保护、分层闭锁、重构自愈等以信息综合处理为特征的高级应用,丰富了系统功能,提高了系统整体性能。

(二)复兴号智能动车组——北京冬奥列车"瑞雪迎春"

北京冬奥列车"瑞雪迎春"商务座采用了旅客智能交互终端,提供高速铁路娱乐中心、无线投屏、车辆功能介绍、车辆运行信息查询等服务,还有基于 5G 通信技术的冬奥赛事高清直播,具有 6 个频道 4K 直播能力。

在全球范围内,这是人们首次在时速 350 千米的高速铁路列车上采用全 IP 技术和 5G 技术打造的超高清直播演播室,实现了超高清信号长时间稳定传输 5G 超高清移动演播。在北京冬奥会和冬季残疾人奥林匹克运动会(冬残奥会)期间,中央广播电视总台的多个电视频道和新媒体平台在此进行虚拟制作和多方连线等。

新型冬奥列车在保持标准配置复兴号智能动车组智能服务、智能运维等功能的基础上,增加了智能行车功能,是目前第一个实现运营时速 350 千米的智能控制列车,可以实现自动驾驶。列车具备了车站发车、区间运行、到站停车、车门控制等一系列自动控制功能,还融合动力电池及辅助驾驶技术,实现智能应急走行,首次采用北斗卫星导航系统,配置千兆以太网,使旅客能畅享全球互联网络。为保障列车安全,全车设置 2700 余个监测点,运用人工智能、大数据分析、云计算等智能化技术,搭载中车四方车辆有限公司(简称中车四方)研制的智能化 PIS 系统及故障预测与健康管理系统,构建"车—空—地"一体化智能运维体系。列车应用的环境感知智能调节技术能实现车内灯光、温度以及车窗颜色等功能的智能调节。车外目的地显示屏增加了座位排号显示以及方向显示,方便旅客就近上车寻找自己的座位,车内座椅占用显示器通过红、绿、黄三种灯光显示当前站以及前方站的座椅占用情况,方便旅客快速寻找自己的座位。

(三)列车运行控制系统

列车运行控制系统是用来保证动车组列车在区间保持一定间隔,实现动车组移动闭塞运行的技术体系,通过控制动车组列车的实际运行速度和追踪距离的方式来实现。在高速铁路上行驶的动车组的安全运行需要依靠列车运行控制系统来实现,在高速铁路的发展过程中,我国的列车运行控制系统已经基本形成了一套完整的技术体系,成为关键的核心技术。

列车运行控制系统的功能和特点主要包括以下三点:① 将通信技术、计算机网络技术以及自动控制技术与铁路信号技术结合起来,形成一个整体控制系统,这是一个包含行车指挥、安全控制一体化的自动化系统;② 主体信号为车载信号,为司机提供列车运行的安全允许速度;③ 实时监控列车在区间线路上的实际运行速度,如果司机因误操作或注意力不集中而超速行驶,该系统能识别冒进信号,防止因制动控制不及时而造成的列车追尾、列车颠覆等事故。列车运行控制系统是铁路行车安全方面的重要监控设备,用于保障行车安全。

铁路的列车运行控制系统是由地面子系统和车载子系统两个部分组成的。其中,地面子系统主要包括应答器、GSM-R 无线通信网络、列车控制中心、轨道电路、无线闭塞中心等;车载子系统主要包括无线系统车载模块和 CTCS 车载设备。

CTCS 车载设备是通过与地面子系统之间进行双向信息交换来控制列车运行的以计算机安全为基础的控制系统。列车无线系统中的车载模块在车载系统和列车控制中心之间进行双向的信息交互。应答器是用于车载系统发送和接收线路变化信息的设备,同时也能够连接轨道电路传送实时变化信息。轨道电路主要用于连续传送车地信息,还可以进行轨道占用检查。GSM-R 无线通信网络是在列车运行控制中心与车载系统之间进行信息交换的系统。列车运行控制中心可以根据地面子系统和外部信息产生行车许可命令,通过车地信息系统传输数据给列车车载系统,保证列车运行控制中心对列车运行安全的信息采集。

根据设备配置和功能,我们可以将 CTCS 车载设备分为以下五个等级:① CTCS-0,由机车信号和列车运行监控装置组成,为既有线路系统,区段运行速度为 120km/h 以下;② CTCS-1,由机车信号和列车运行监控装置组成,应用于运行速度小于 160km/h 的线路,主要为优化既有设备并使其功能能够达到机车信号要求的线路,增加了点式列车车载设备,实现了列车安全运行的监控功能;③ CTCS-2,列车运行控制系统采用应答器和轨道电路系统结合的方式,它能够实现日常的行车指挥、车站联锁和列车控制一体化,以及区间和车站、通信信号一体化,主要面向新建线路和提速干线,在地面可以不再架设通过信号机,司机根据车载信号行车;④ CTCS-3,这是以无线传输信息为基础,结合轨道电路来检查动车组占用区间等方式的列车运行控制系统,在地面可以不再架设通过信号机,司机根据车载信号行车;⑤ CTCS-4,这是完全依靠无线信息系统来进行车地间报文传输的列车运行控制系统,线路可不设置轨道电路,动车组的移动定位和列车编组完整性检查由闭塞中心和车载系统共同完成,可以实现移动闭塞或虚拟闭塞,提高了线路的运用效率。

在同一线路,可以实现多级别列车运行控制系统的运行,CTCS-2、CTCS-3、CTCS-4 可向下兼容。CTCS-0 和 CTCS-1 级列车运行控制系统主要用于时速 160km/h 以下的线路,其中,CTCS-1 级列车运行控制系统在 0 级的基础上有所改进,采用运行监控装置和机车信号联合控制方式,提高了安全性能。CTCS-2 级列车运行控制系统应用在时速 200~250km/h 的线路,以轨道电路设备为基础进行信息传输,采用车地一体化系统,能够实现区间车站一体化,以及通信信号和机电一体化。CTCS-3 级列车运行控制系统用于 300~350km/h 的线路,由列车运行控制中心、无线闭塞中心、调度集中系统等部分组成,利用 GSM-R 通信系统和车载设备进行双向不间断通信,实现精准定位,保证列车的运行安全。

列车自动控制系统包括列车超速防护(Automatic Train Protection,ATP)系统和列车运行自动控制(Automatic Train Control,ATC)系统。ATP 系统和 ATC 系统都可以对列车的实际运行速度进行实时监控,当列车超速时,ATP 系统和 ATC 系统可以自动降低运行速度,保证运行安全。ATC 系统是比 ATP 系统高一级别的控制系统,它可以代替司机的部分操作,这种控制模式可以降低司机的劳动强度,提高运输效率。

按照人-机关系,我们可以将列车运行控制系统分为人控优先和机控优先两种。人控优先是司机遵循模式曲线调节列车运行速度,设备不干涉司机正常操作,只有当司机超速时,系统才会采取有效的干预措施保证列车运行安全。机控优先是设备能够按照计算机自动生成的模式曲线自动控制列车运行,当列车超速时,系统会自动控制列车减速,司机可以不进行操作。

(四)调度指挥系统

铁路运输是一台大联动机,包含各个部门的协同配合,因此调度指挥就显得相当重要。调度集中系统是将通信信号与列车运行安全监控结合起来,在指挥中心指挥控制列车运行的设备。调度集中系统主要经历了继电式调度集中、全电子式调度集中、计算机调度集中这几个发展阶段。我国铁路的迅速发展对调度集中系统提出了更高的要求,因此我国采用了新一代的调度集中系统。

新一代调度集中系统是现代化铁路运输的主要技术组成部分,是现代化铁路信息建设的关键,也是铁路运输现代化的发展方向,它必须和我国现代铁路的实际情况紧密地结合起来,才能全面实现高速铁路和普速铁路运输行车指挥的自动化。

新一代调度集中系统是以计算机网络技术、现代通信技术、指挥控制技术为基础的智能化控制系统,能够优化处理铁路运输调度工作流程,实现运输和行车指挥的高度自动化和智能化。

新一代调度集中系统的特点是分散自律。这里说的分散自律就是将已经制定的列车运行计划分发至线路上的每个车站的自律机,由自律机自主执行。该系统以图定动车组运行计划为理论依据,合理地分配调度控制中心与车站控制的权限。

新一代调度集中系统根据我国路情,对列车作业进行集中控制,利用分散自律的技术特点,通过阶段性地控制列车运行计划,解决了动车组运行和普通调车作业之间存在的冲突。

新一代调度集中系统既可以用于有人(行车人员)车站,也可用于无人车站,它能合理优化现代铁路运输的组织结构,实现以列车日常运行为主、调车作业为辅的运行计划。

我国的新一代调度集中系统由三部分组成:调度系统、车站系统和网络系统。这种新型的行车指挥系统要求基础设备能够不间断地工作。该系统一般采用设备冗余技术,如软硬件冗余设计、数据实时备份等。

在我国铁路中,应用最多的调度集中系统是以分散自律为特点的调度集中系统。分散自律式调度集中系统是以计算机与网络技术、通信和信号技术,以及列车调度指挥系统的成功应用为基础而提出的一种新型的调度系统,它能够实现信号联锁控制,采用智能化的分散自律式原则,以列车运行计划为核心,同时合理分配列车作业与调车作业的自动化程度,采用计算机网络控制技术和信息化处理技术,将列车运行计划分发至各个车站自律机中,由自律机自主执行,实现列车和调车作业的指挥调度合理化。

目前,我国的调度集中系统技术基本成熟,具备自主知识产权。经过西宁-哈尔盖单线低密度调度集中系统和胶济线复线高密度调度集中系统开发应用实践,我国已具备大规模推广应用调度集中系统的能力和条件。

三、结束语

  在智能化科技迅速发展的新形势下,我国现代化高速铁路已经基本实现了从线路、信号、列车运行控制系统等多方面的智能化发展。从引进国外先进的动车组相关技术,到消化吸收,再到大胆尝试以及自主创新,我国高速铁路和动车组的发展取得了举世瞩目的成绩。从落后到领先全球,京张智能高速铁路以及复兴号智能动车组的发展不仅彰显了我国的科技实力,更为人们带来了良好的出行体验。

参考文献

[1] 杨翰超.高速铁路电力智能运维管理系统设计与应用[J].自动化应用,2021(8):56-59.

[2] 王纯伟,侯日根,闫雪松.高速铁路牵引变电所并行智能化保护系统方案选择[J].电气化铁道,2021,32(S1):76-79.

[3] 丁建中.从城市轨道交通无人驾驶系统的特点谈运营管理模式的创新[J].上海电气技术,2010(3):48-51,62.

[4] 谢毅,肖杰.高速铁路发展现状及趋势研究[J].高速铁路技术,2021(2):23-26.

[5] 杨子楠,林淼.新时代下发展智能铁路的重要意义[J].理论学习与探索,2019(1):58-61.

[6] 乔天翼,刘嘉烨,何志英.京张高铁一周年故事:连接过去与未来的第一条智能高铁[J].环球人文地理,2020(12):76-85.

[7] 梁建英.开启智能化轨道交通装备新时代[J].科学,2020(2):17-22.

[8] 中国首条智能高铁京张高铁全线轨道贯通[J].隧道建设(中英文),2019(6):1013.

[9] 韩利锋.中国铁路列控系统技术及发展趋势探讨[J].铁路通信信号工程技术,2018(10):96-100.

论城市轨道交通接触轨的施工安装流程及要点

路文娟

(武汉铁路职业技术学院)

摘 要

得益于轨道交通技术的成熟和其在国内的广泛应用,中国城市轨道交通系统技术已经走出国门,走向世界。接触轨的施工质量对城市轨道交通系统至关重要,不仅关系着系统安全,也决定了维修周期。本文首先介绍了接触轨在城市轨道交通中的作用及重要性,阐明了接触轨的施工原则和施工流程,然后将接触轨施工要点作为重点,从接触轨施工的各个主要流程入手,讨论了施工调查和测量、支架及底座的安装与调整、接触轨的安装与调整、电缆连接板的安装与电缆敷设、防护罩系统安装中的施工安装要点。本文重点探讨了接触轨安装与调整的要点,包括接触轨的就位和安装、中间接头和膨胀接头的安装,以及中心锚结和端部弯头的安装。本文最后对接触轨施工进行了总结和展望。

关键词

接触轨 施工流程 施工要点

一、引言

习近平总书记在2019年9月视察轨道交通大兴机场线时指出:"城市轨道交通是现代大城市交通的发展方向,发展轨道交通是解决大城市病的有效途径,也是建设绿色城市、智能城市的有效途径。"党的十八大以来,城市轨道交通一直在发生着令人瞩目的快速增长。据交通运输部统计,截至2022年12月31日,我国城市轨道交通运营里程总数达到9584千米,轨道交通线路290条,车站5609座,分布在53个大中型城市。仅

2022年全年就完成客运量194.0亿人次,全年实际开行车辆3316万列次。在如此庞大的车流数据中,城市轨道交通车辆的受电则主要有受电弓受流和受流器受流两种方式。受电弓受流方式与电气化铁道机车弓网受流方式类似,又称接触网受流方式。受流器受流方式专属于城市轨道交通车辆,又称接触轨或第三轨受流方式。

二、接触轨概况

接触轨位于承载城市轨道交通车辆的两条轨道之外,因此通常又被称为第三轨,如图1所示。它在地面上与轨道线路平行敷设,通过与车辆上受流器的集电靴接触,将750V/1500V直流电输送给车辆,并在轨外设置绝缘体和防护罩以保障安全。

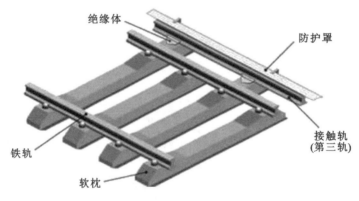

图 1　接触轨的位置

接触轨施工难度较小,能够减少线路隧道上方的净空,建设成本相对接触网较低,建成后供电线路维修工作量相对较少,因此在我国城市轨道交通中得到较为广泛的应用。目前,北京、上海、广州、天津和武汉等大型城市的多条地铁线路均采用了接触轨供电。以武汉市为例,目前已开通运营轨道交通的线路中,采用接触轨供电方式的有21号线、8号线、4号线、2号线、1号线,其中21号线和8号线接触轨电压为直流1500V,其余线路接触轨电压为直流750V。

接触轨的施工质量不仅关系车辆行驶安全和乘客生命安全,也决定运营后的维修周期,对于城市轨道交通系统而言至关重要。

三、接触轨施工原则和施工流程

接触轨的施工性质属于站后牵引变电施工的控制性工程,受桥梁、轨道工程的进展制约。在接触轨的施工过程中,必须遵循以下基本原则:① 接触轨施工前,必须按照铺轨基地来敷设区段,进而设置作业区段,设置区段时,要统筹考虑区段和站前工程、铺轨工程的交叉配合施工;② 接触轨的整体施工组织安排应按照"大循环、小流水"的程序化方式进行,主要包括底座安装、支柱安装、支柱调整、接触轨安装、接触轨调整、设备安装和上网电缆敷设等流水化作业程序;③ 接触轨施工布局采用分段平行铺开的方式,各段同时开展作业,组织施工的方案是各作业工序之间交叉与流水相结合。

在遵守以上原则的前提下,按照图 2 的施工流程规范开展施工。

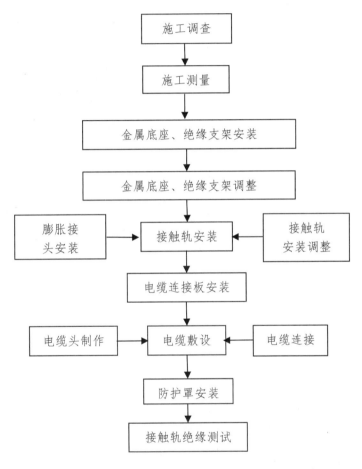

图 2　接触轨施工流程

四、接触轨施工要点

(一)施工调查和施工测量

施工调查和施工测量是施工前的重要准备工作,主要工作任务是联系站前施工单位,共同对接触轨的预埋件进行复核和配合施工,从而确保预埋件的尺寸和位置准确无误。

(二)金属底座、绝缘支架的安装及调整

首先,根据区段选择合适的金属底座及绝缘支架。底座和支架的安装顺序为:金属底座—弹簧垫圈—螺纹道钉—绝缘支架—四孔金属压板—M12镀锌螺栓。其中,镀锌螺栓配双螺母、双平垫和一个弹垫,螺栓的上下各加一个平垫,螺母侧加上弹垫,螺栓由下往上穿孔安装,如图3所示。

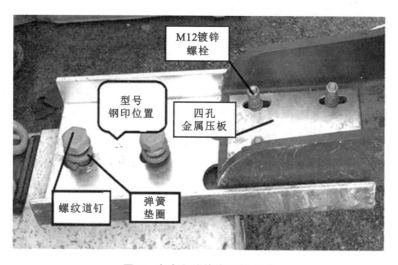

图 3　底座和绝缘支架的安装

安装完毕后,进行绝缘支架调整。先将螺纹道钉紧固到位,然后用加工好的直角尺对支架下部进行水平距离和垂直度的调整,使支架垂直面距相邻走行钢轨内缘水平距离为814.5毫米,同时保证支架下部垂直面与走行轨平面的夹角为90度,最终使卡块与钢轨对齐,如图4所示。

图 4　绝缘支架调整

(三)钢铝复合接触轨安装

1. 接触轨就位

先组织车辆将钢铝复合接触轨运至施工现场,做好防护和吊装准备。然后用专用吊装带吊装钢铝复合接触轨,以防划伤。吊装时,吊装带必须均匀地布置在接触轨包装箱上,使接触轨离地后平稳、不偏斜。接触轨吊至场地后,要分散存放,摆放整齐。

2. 接触轨安装

常见的接触轨有两种长度,即10.5米和11.65米,根据接触轨平面布置图将不同长度的接触轨、膨胀接头、端部弯头转运到相应的安装位置。安装前,观察接触轨的方向,覆不锈钢带的一面朝地。将接触轨抬起时,避免摇摆晃动,要水平抬起,平稳地放置于绝缘支架的固定颚(中部)上,尽量将支架中部调整为统一的高度,便于调整接触轨。最后固定绝缘支架上部,上部螺栓紧固力矩为85牛·米。同时注意上部垫片的特殊性,务必将卡控件方向放置正确。

需要注意的是,接触轨端头距支架距离要满足设计要求。如当前尺寸不能满足要求,要对接触轨进行切割,切割后的接触轨与未经切割的接触轨的端面要保持一致,切割后,要细心地将接触轨端面倾斜处打磨至光滑平整。

3. 中间接头安装

中间接头用于固定相邻接触轨并传导电流,为了保证接头本体的轮廓与钢铝复合轨腰面的紧密贴合,在施工中要按照以下要点进行。

第一,将所有配合表面清理干净,使用干净的砂纸或中粒度磨料钢丝刷打磨除去表面氧化物,并在中间接头与接触轨的接触部位表面涂抹导电膏。

第二,将中间接头与接触轨的接缝部位调整平齐,尤其注意保证不锈钢带侧安装平齐,不允许出现高低不平或扭转现象。

第三,确保中间接头与绝缘支架边缘距离大于250毫米,然后将中间接头安装至处理好的轨腹处,用4根M16螺栓加以固定。固定时,需要配2个平垫,其中螺栓侧1个平垫,螺母侧1个平垫(平垫麻面侧靠接触轨)。将螺栓套上垫片,从走行轨侧向外穿,螺栓紧固力矩为105牛·米。

第四,中间接头连接后,认真检查接触轨连接处接缝是否紧密贴合,并测量确保左右错牙小于0.5毫米,接触轨面的高度差小于0.2毫米。检查和测量完成后,将接头处及现场清理干净,安装后的效果如图5所示。

图 5 中间接头安装

4. 膨胀接头安装

膨胀接头用于补偿接触轨因温度变化而产生的长度变化,安装时需注意以下要点。

第一,膨胀接头安装位置必须是既定的位置,严禁移位。

第二,用数字温度计测出已安装接触轨的温度。测量时,将温度感应点置于接触轨底钢带表面,记录读数,取其平均值。

第三,将膨胀接头两侧的滑轨小心地滑动开,根据测量的温度对照安装曲线间隙表进行调整,膨胀接头间隙值误差应小于 1 毫米。

第四,膨胀接头两端按照中间接头的安装要求进行连接。

第五,此时一般尚未安装防护罩,因此需要对膨胀接头锚固夹板的上下缝隙进行必要的防护,例如用膨胀接头包装用塑料纸进行裹覆。

5. 中心锚结安装

接触轨的中心锚结是用于防止接触轨长轨向两侧不均匀窜动的固定连接件,安装在接触轨锚段的中部。一套中心锚结由一对铝制防爬器本体、一根 M12 螺栓、2 个平垫、1 个弹垫及 2 个螺母组成。中心锚结件边沿距离绝缘支架中部边沿的距离为 2~4 毫米,螺栓紧固力矩为 56 牛·米,螺栓由走行侧向外传。

在线路纵向坡度小于 20‰的情况下,中心锚结一般设置一组,位置应设置在锚段中部同一整体绝缘支架两侧。在线路纵向坡度超过 20‰时,中心锚结需设置两组,设置在锚段中部两个相邻整体绝缘支架两侧。

6. 端部弯头安装

安装端部弯头的目的是保证列车集电靴与接触轨的良好接触与分离,安装时应注意以下几点:按照施工图纸在正确的位置安装正确型号的端部弯头;将端部弯头的 T 型材(平直段)放于支架位置上;端部弯头与接触轨的其余连接要点与中间接头的安装要点相同。

(四)电缆连接板安装

电缆连接板位于牵引变电所出口、接触轨接头、弯头、电分段或道岔等处,用于电缆连接,向接触轨供电,是一个重要装置。安装电缆连接板时有如下要点。

第一,将所有的配合表面清理干净,使用干净的垫子或中粒度磨料打磨,并在电缆连接板的连接界面表面涂上一层极薄的导电油脂。

第二,确保电缆连接板安装在线路外侧,且与支架边缘的距离至少为 800 毫米。

第三,电缆连接板由 6 根螺栓紧固,螺杆应由轨道侧向外穿,紧固时按照规定力矩拧紧,螺母的紧固力矩为 105 牛·米。

第四,与接线端子连接时应注意,一套电缆连接板最多连接 12 根电缆。接线时,铜铝过渡垫片铜面与接线端子紧贴,铝面与电缆连接板本体紧贴。此处螺栓紧固力矩为 105 牛·米,按规定力矩拧紧。

(五)电缆敷设

电缆敷设时,须在多处做好标记,用白色油漆笔在电缆上写明回路名称,或悬挂电缆标牌。对于电力电缆,除写回路名称外,必须及时用黄、绿、红油漆喷涂或其他方式标明相序。

电力电缆在支架端部及转弯处敷设时,应用电缆卡子固定。在直线段敷设时,每隔 2 个支架,应设置电缆卡子固定电缆。对于无电缆卡子的支架,要使用扎带固定电缆,可根据实际情况适当调整。

电缆敷设的裕度要适当,不宜绷紧。电缆敷设时,在转弯处要注意电缆的弯曲半径,防止生拉硬拽或使其受到外力导致铠装压扁、电缆绞拧、护层折裂、绝缘破损等机械损伤。电缆敷设后,在电缆两端应采用专用密封帽或专用胶带对电缆进行密封,防止潮气进入电缆内部。

(六)接触轨防护罩安装与接触轨绝缘测试

接触轨防护罩是一种安全防护系统装置,能起到防雨雪、防人或其他动物接触带电体以及对接触轨加以隔离的作用。防护罩系统包含普通防护罩、支架防护罩、电缆连接板防护罩、膨胀接头防护罩、端部弯头防护罩、支撑卡等部件,每隔约 500 毫米安装 1 个支撑卡。各种防护罩之间通过相互搭接的方式联结在一起,搭接量一般为200毫米。其中,要注意以下几点:首先安装普通防护罩,完成后再安装部件防护罩;每隔4个普通防护罩,喷涂1处高压危险符号;电缆接线板、膨胀接头防护罩外表面上应涂高压危险符号。接触轨防护罩安装完成后,要进行接触轨绝缘测试。

五、结束语

接触轨的施工流程包括施工调查和施工测量,金属底座、绝缘支架的安装及调整,钢铝复合接触轨安装,电缆连接板安装,电缆敷设,接触轨防护罩安装与接触轨绝缘测试。接触轨施工质量是轨道交通工程质量中极其重要的一环,施工中的每个流程都必须按照技术要点规范开展。本文按照各个施工流程,依次阐述了施工要点。其中,接触轨安装较为复杂,包括接触轨的就位和安装,以及中间接头、膨胀接头、中心锚结和端部弯头的安装,涉及的部件和技术要点也较多,文中一一进行了说明和讨论。目前,大部分技术要点主要靠人工目测、人工操作仪器检测。随着人工智能和机器人技术的突飞猛进,我们可以预见到,在不久的将来,会有更加规范的技术标准、更为先进的测量技术、更为节约高效的新技术出现在各个接触轨的施工现场。

参考文献

[1] 杜心言.智慧城轨系统构建和工程实施若干热点问题研究[J].现代城市轨道交通,2020(8):12-19.

[2] 张泽武,赵亮,王丛先,等.地铁标准中接触轨空间布置术语存在的问题及其对测量影响的分析[J].铁道技术监督,2023(4):8-11.

[3] 张芳志.时速160km及以上接触轨工程关键方案研究[J].电气化铁道,2023(1):60-63.

Chapter 3

教育教学改革

基于共生教育理念的中华优秀铁路文化与铁路高职院校思政教育的耦合路径研究

● 管丽娟

● (武汉铁路职业技术学院)

摘 要

本文基于共生教育理念,结合铁路行业院校文化的育人特色,发挥中华优秀铁路文化的德育功能,探索铁路行业院校文化与思想政治教育的耦合依据和耦合路径,从而实现中华优秀铁路文化与高校思想政治教育的有机融合,提升铁路院校思想政治教育的实效性。

关键词

共生教育　中华优秀铁路文化　思想政治教育

一、引言

共生教育理念是解决当今教育理论和实践结合问题的一种重要研究范式。党的十九大报告提出,要"深入挖掘中华优秀传统文化蕴含的思想观念、人文精神、道德规范,结合时代要求继承创新,让中华文化展现出永久魅力和时代风采"。这为新时期铁路行业院校的思想政治教育指明了方向。共生教育理念为中华优秀铁路文化传承与铁路行业院校思想政治教育提供了一种新的研究视角,为两者的共生发展提供了重要的理论支撑。

二、共生的内涵解析

"共生"本来是一个生物学名词,它最早出现在生物学领域,指的是自然界中,两个不同有机体之间有益的,至少是无害的相互关系,随后其内涵不断得到丰富和发展,已从生物学拓展到了更广泛的研究领域。在中国传统文化中,共生理念源远流长,无论是儒家的生生和谐、以和为贵、大同思想,还是墨家的"兼相爱,交相利",或是道家的"天地与我并生,而万物与我为一",无不彰显着深刻的共生意蕴。共生哲学已成为一种关系的思维方式,强调"自我"与"他者"之间不容忽视的相互依存关系,在接纳异者、相互碰撞、相互共容、共同生长中形成一个互利、平衡、发展的整体。随后,"共生"一词被应用到教育学领域,有了"共生教育"的概念。简单说来,共生教育就是一种尊重个体差异,寻求人的多元发展的教育范式,它以人本主义为核心,以人的发展为出发点和落脚点,寻求多元对话交流,形成共建、共享的教育共生环境,致力于形成教育要素、教育功能、教育环境等的和谐共处,从而实现共生性思维、品质、行为的创新型人才培养教育。

基于上述对共生概念的理解,笔者认为,中华优秀铁路文化传承与高校思想政治教育共生的内涵是指,铁路行业院校坚持以人为本的发展理念,以学生为主体,在尊重学生差异性的基础上,将优秀、厚重的铁路文化作为当前高校重要的思想政治教育资源,充分发挥育人特色,挖掘行业院校文化的培根铸魂功能,持续优化思想政治教育活动,使铁路特色院校的思想政治教育具有亲近感、和谐感,从而实现中华优秀铁路文化与高校思想政治教育的有机融合与共生发展。

三、中华优秀铁路文化与高校思想政治教育的耦合依据

(一)教育内容的耦合性

爱国主义教育是思想政治教育的重要内容,是培育践行社会主义核心价值观的题中应有之义。艰苦奋斗、辛勤劳动是爱国主义教育的特点,而中国百年铁路历史传承了艰苦奋斗的作风,这是中国铁路的厚重底色。百年铁路孕育了丰富的铁路文化,铁路文化的与时俱进和开拓创新与思想政治教育坚持与时俱进、开拓创新具有高度的一致性。随着我国铁路从普速铁路到高速铁路的发展,中国铁路在服务标准、服务理念、技术创新等领域都发生了质的飞跃,达到了世界先进水平,并成为中国速度、中国智慧与中国力量的标签,从而形成了中国精神的重要文化标志,这为铁路行业院校学生提供了更具有时代气息的思想政治教育内容。

(二)教育目标的耦合性

立德树人是新时期教育的根本任务,也是高校教育的重要目标和价值追求。以文化人是新时期高校育人工作的新部署和新要求,其内涵是将中华优秀传统文化作为育人的核心内容,以"化"为育人的基本工作方法,润物无声,潜移默化地对人进行启发、教育和影响,从而实现人的全面发展目标。铁路文化精神是中华优秀铁路文化的核心内容,蕴含着丰富的育人价值,具有鲜明的行业特色,其教育目的最终归结于以德性为核心的文化教育,这与高校思想政治教育立德树人根本任务在教育目标上是完全耦合的。

(三)教育功能的耦合性

思想政治教育不仅具有社会属性,而且具有文化属性。其中,它的文化属性主要体现为,在培养人的实践过程中,用文化武装人的头脑,提升人对于文化的辨别能力和鉴赏能力,提高人的文化素质和道德品质,从而实现人的全面发展。相对于思想政治教育,中华优秀铁路文化内容生动活泼,文化内涵丰富,对于铁路行业院校师生而言有较强的吸引力。铁路行业院校师生有着天然的文化优势,对铁路文化也有着全新的认知,这能提升思想政治教育的实效性。所以,两者在教育功能上具有高度耦合性,这不仅体现了新时代的要求,而且是新时代高校思想政治教育改革和发展的需要。

(四)教育价值的耦合性

中华优秀铁路文化是铁路人共建共享的精神家园,融入了铁路人的精神命脉,经过百年的历史文化传承,铁路文化形成了独特的文化特点,蕴藏着丰富的德育功能。它既有历史的传承,又有时代的创新,是铁路行业院校思想政治教育的基点,为铁路行业院校思想政治教育赋予了新的内容,注入了新的活力。铁路行业文化的教育价值和思想政治教育的价值取向具有统一性,体现了人的发展和教育发展的内在规律。

四、中华优秀铁路文化与高校思想政治教育的耦合路径

(一)教育内容整合

中华优秀铁路文化是中华优秀传统文化的重要组成部分,是铁路行业院校思想政治教育的重要内容,我们可以在课程体系建设上下功夫,整合教学内容,从而实现两者教

内容的和谐共生与融合发展。铁路行业院校可以将中华优秀铁路文化融入思想政治理论课堂和各学科课程思想政治教育内容之中。课堂教学是铁路文化融入特色院校思想政治教育的主要渠道,将中华优秀铁路文化融入教学,能更好地发挥铁路文化的育人功能。

一是将铁路文化融入思想政治理论课教学,找到各课程内容与铁路文化的契合点,运用铁路文化中典型的人物和铁路大事件讲述理论知识,使学生不仅掌握理论知识,而且能掌握更多的铁路文化知识,增强特色院校文化育人效果。

二是将中华优秀铁路文化融入各学科教学,加强课程思政建设。各专业课和基础课教师挖掘各门课程与思想政治教育的契合点,将铁路文化精神融入教学内容和教学环节,实现中华优秀铁路文化传承与高校思想政治教育的有机融合,讲好铁路故事,让中华优秀铁路文化对学生进行潜移默化的熏陶和影响,从而提高铁路特色院校思想政治教育的实效性。

(二)教学组织优化

要实现中华优秀铁路文化传承与高校思想政治教育两者的共生发展,就需在互助合作的基础之上,合理优化相关的教学组织,发挥各个组织间的协同、共生效应,建立开放协作、和谐共生的教学组织。

一是要提升教育主体的凝聚力。今天,在"三全育人"教育理念下,教育的主体除了从事思想政治教育的工作者外,还包括学校其他课程的教师、教育服务人员和生活服务人员,他们是学生的品格塑造、知识学习、文化娱乐中的潜在力量,教育主体应加强理论学习,要以铁路文化精神为引领,成为铁路文化精神的传播者和践行者,将自身打造成一个具有感染力、鼓舞力的人,才能将自身的热情和激情传递给学生,推动学生前进。教育主体还应注重提升运用铁路文化精神的能力,将铁路文化精神内嵌于各学科课程之中,实现教材体系、知识体系到价值体系的转化,提升学生对教育主体的认同感。

二是构建教学相长的师生关系。师生之间民主、平等、互助、协作,以对话交流的方式进行共同学习和进步,教师尊重学生的个性,师生以共生相长的理念参与教学活动,从而促进师生全面、优质与和谐发展。

三是构建实践育人的教育模式,积极引导师生参加校内校外的各项思想政治教育实践。铁路行业院校将铁路文化融入校园文化建设,充分发挥铁路文化精神的德育功能,达到以文化人、以文育人的效果,通过开展丰富多彩的校内外实践活动,鼓励学校师生共同参与学习铁路文化,感受铁路文化氛围,增强全校师生知校、爱校的凝聚力和向心力。

(三)立体化共生教育环境构建

立体化的共生教育环境是一种客观的教育力量,能让学生在无形之中受到熏陶和感染。构建立体化共生教育环境可以在加强铁路行业院校校园物质文化环境建设和校园精神文化环境建设两方面展开,实现以美育人,以文化人。

一是在校园物质文化环境建设方面融入中华优秀铁路文化的特色元素和文化符号。作为铁路行业院校,校园物质文化环境建设需要彰显铁路特色,将铁路文化精神根植于校园物质文化环境建设之中,在校园总体布局、园艺设计、建筑设计等方面融入铁路特色元素和铁路文化符号,体现铁路文化精神内涵,营造丰富的铁路文化氛围。铁路行业院校可以统筹建设具有铁路文化特色的博物馆,为学生提供系统学习、了解铁路文化精神的窗口。

二是将铁路文化融入校园精神文化环境建设层面,开展丰富多彩的以铁路文化为主题的特色活动,可以将中华优秀铁路文化传承打造成校园文化节特色项目,以此为契机,举行厚重的行业特色文化活动,让铁路院校学生体验铁路文化精神,拉近高校青年学生与铁路文化的距离,使学生充分体验中华优秀铁路文化的内涵与魅力,在实践活动中学习和传承中华优秀铁路文化。

建构立体化共生环境,将铁路行业院校校园物质文化环境建设和校园精神文化环境建设进行统一整合,形成相互影响、相互促进的共生保障体系,从而实现中华优秀铁路文化传承与行业院校思想政治教育的共生发展。

五、结束语

共生教育理念是解决当今教育理论和实践结合问题的一种重要研究范式,是适应新时代要求的新的方法论。本文以共生教育理念为视角,探索了中华优秀铁路文化传承与铁路行业院校思想政治教育的耦合依据与耦合路径。武汉铁路职业技术学院作为一所国家示范性铁路高等职业院校,学校在思想政治教育工作中应将优秀、厚重的铁路文化作为重要的思想政治教育资源,渗透到学生的学习和生活中,挖掘中华优秀铁路文化的时代价值和教育价值,从而实现中华优秀铁路文化与高校思想政治教育的有机融合与共生发展。

参考文献

[1] 孙杰远.论自然与人文共生教育[J].教育研究,2010(12):51-55.
[2] 李春.新时期高校德育亲和力研究[D].重庆:西南师范大学,2004.
[3] 胡余龙.中华优秀传统文化传承与高校思想政治教育的深度融合[J].科学咨询,2023(6):54-56.
[4] 高成瑨.非遗文化与高校思政教育的耦合性及路径研究[J].常州信息职业技术学院学报,2018(2):10-13.

高职院校电气自动化技术专业英语教学改进探讨

● 但　旭

● (武汉铁路职业技术学院)

摘　要

　　电气自动化技术专业的高职学生学好专业英语十分重要。当前,高职院校电气自动化技术专业的专业英语教学还存在一些问题。本文归纳了这些问题,并给出了有效的解决方案。

关键词

　　电气自动化　专业英语　课程资源　考核方式

一、引言

　　电气自动化技术专业英语(简称专业英语)是高职院校电气自动化技术专业的一门专业拓展课,在第4学期开设,36课时。该课程旨在培养学生掌握一定的专业英语基础知识和技能,具有一定的读、写、译的能力,能借助词典阅读和翻译有关英语资料,能在涉外业务活动中使用英语进行简单的口头和书面交流,能较顺利地阅读专业文献,为今后从事专业工作打下一定的基础。当前,高职院校电气自动化技术专业英语教学中还存在着一些问题,针对这些问题,本文提出了有针对性的解决方案,并通过过去的教学实践验证了这些方案的有效性。

二、当前高职院校电气自动化技术专业英语教学中存在的问题

(一)学生对专业英语的认识和重视程度不够

由于专业英语的课时并不算多,一周只有一次课,加上很多高职院校的学生在认识上存在一个误区,以为只有在学术、学历上有很高追求的人才需要学习专业英语,故而认识不到高职学生学好专业英语的意义,对这门课重视程度不够,这显然使得学生缺乏学好专业英语的动力,不利于他们认真学习专业英语。

(二)学生学好专业英语的信心和能力不足

高职院校的学生普遍英语基础较差,这导致他们缺乏学好专业英语的信心和能力。有的学生因为口语差,羞于开口说英语,甚至连读一个单词的勇气都没有;有的学生因为基础太差,即使有心补起来,但因积重难返,找不到切入点,很容易就放弃;大部分学生都存在因专业英语词汇量不够而导致看到英文资料就如看到天书一般产生畏难情绪的现象。

(三)教学团队力量较为薄弱

当前,电气自动化技术专业英语的教学任务主要由英语较好的专任教师承担,但这样的教师并不多,这导致专业英语的教学严重依赖一到两名教师,无法形成师资力量雄厚的专业英语教学团队。

(四)教学方式比较单一

目前,高职院校的电气自动化技术专业英语的教学基本上是以教师讲解教材上的单词和翻译课文为主,学生的参与度不高,学习效果不明显。

三、高职院校电气自动化技术专业英语教学改进措施

(一)提高学生对专业英语的重视程度

专业英语授课教师应该在课程的开始阶段就把学习专业英语的意义和作用为学生

讲清楚。事实上,专任教师团队到相关企业调研时,不止一个企业的人力资源部门领导提出希望加强对学生专业英语的教学,因为现在很多电气设备上的操作提示都是用英文标识的,还有很多进口设备的说明书也是用英文书写的,而企业里既有很好的专业技能,又具备较高英语水平的人才并不多,高职院校急需加强这方面人才的培养。同时,配合国家"一带一路"倡议,与电气自动化技术专业对口的企业也越来越多地走出国门,与外国企业开展技术交流和合作,这也加强了企业对掌握专业英语的高技能人才的需求。此外,世界技能大赛等高水平赛事既为高职院校学生提供了展示才华、寻找机遇的舞台,也提高了对高职院校学生专业英语水平的要求。如此种种,都说明高职院校学生只有学习和学好专业英语,才能为未来的职业生涯打好基础。教师一定要让学生明白这个道理。实践证明,学生了解这些信息后,往往会增强学习专业英语的兴趣。

(二)帮助学生打好专业英语基础,掌握学习专业英语的方法

对不敢开口读和说英语的学生,教师可以解释语言的主要作用是交流,在能够交流的情况下,口音并不太重要。有些外国友人来中国说起中文时也会因为音调不准而听起来怪怪的,但听者还是能听懂,即使有时会发出笑声,那笑声也并不带有恶意,说者不需要过分在意,更不需要因羞愧而不敢再说。反过来,中国人说英语,有一些口音也非常正常。世界上很多以英语为官方语言的国家,它们的国民所讲的英语都带着各自国家的口音,有一些还有很大的差异,但不同国家的人还是可以用英语交流,所以口音并不重要,重要的是敢于开口说、敢于去交流。这个道理很多学生之前是不明白的,教师必须讲给他们听,鼓励他们勇敢开口说英语、读英语,这是学好专业英语很重要的一步。学生敢开口了,就是走出了迈向成功的第一步。

对想学好专业英语却找不到切入点的学生,教师可以提供榜样作为例子。教师可以从各种媒体寻找合适的案例,将正面人物作为榜样,鼓励学生树立自信,积极发掘自己的潜能。不积跬步,无以至千里;不积小流,无以成江海。教师要鼓励学生从最基本的知识点开始,从易到难,并坚持住,就一定能看到成效,当学生看到了成效,他们的信心自然就逐步建立起来了。

英语是一种词汇量很大的语言,掌握一定数量的专业词汇对学好专业英语非常重要。英语词汇的构成本身也有一定的规律,学生掌握这些规律就能事半功倍地掌握必要的专业英语词汇,这就要求教师在教学中把专业英语词汇的构成讲得更细致和透彻。比如,教师在讲授基本电气元件时,会涉及 resistor(电阻器)、capacitor(电容器)、inductor(电感器)和 resistance(电阻值)、capacitance(电容值)、inductance(电感值)这些词汇。很明显,这些词汇之间有一定的关联性,教师可以鼓励学生自行找出其中的关联性,然后教师进行深入阐述,引导学生注意发现和掌握专业英语词汇的构成规律,学会以更有效的方式尽量掌握更多的专业英语词汇。

当学生掌握了一定量的专业英语词汇,他们再看到专业英语的教材等学习资料等,就不会有犹如看天书的感觉,畏难情绪也就随之减退了,后续的教学效果明显也会得到提升。

(三)加强专业英语教学团队建设

要胜任电气自动化技术专业英语的教学任务,教师必须既具备扎实的电气自动化技术专业知识,又具备较高的英语水平和教学水平。学校可以通过培训、购置更多英文工具书、创造机会让教师与英语国家专业人士增进交流等方式来加强专业英语教学团队的师资力量。同时,教师可以与学校通识课部的英语教师加强沟通交流,吸取他们的英语教学经验。专业英语教学团队应该包含至少三名专任教师,并尽可能地引进英语水平较高的企业兼职教师来充实力量。

(四)在教学中增强趣味性,加强课程资源建设

如果专业英语的教学方式单一,往往令学生感到枯燥无味,从而失去学习积极性。教师应该想办法增强教学中的趣味性,比如增加一些视频、图片等资料的展示,这就需要教师加强课程资源建设。目前,网络上有一些电气自动化技术专业英语的课程资源,但形式比较单一,质量高的不多,教师可以取其精华,在教学方式上做一些突破。

为了充分调动学生的学习主动性和积极性,教师还可以让课堂变得更丰富、更生动。教师可以在课堂上增加学生自主研讨环节,也可以设置一些情景扮演环节,让学生充分投入课堂,这能增强他们的参与感和获得感。

(五)改进专业英语的考核方式

专业英语的考核方式需要充分反映教学效果,最终考试成绩应该包括平时成绩和期末成绩,平时成绩占总成绩的60%,期末考核成绩占总成绩的40%,这样设置是为了综合考量学生的整体表现。平时成绩主要包括考勤、作业完成情况、课堂纪律、课堂问答表现和阶段测验成绩等。其中,阶段测验是为了让教师了解学生在某个阶段的学习效果,教师可以根据阶段测验成绩调整后续的教学方式,同时也可以让学生了解自身的学习情况,在阶段测验中获得好成绩的学生更能增强信心,成绩不佳者则会得到警示,勉励自己在后续学习中加强改进。期末考核成绩可以通过考试的方式获得,试题的形式不必单一,主要考查学生掌握专业英语词汇、阅读难度合适的专业英语资料的能力和综合的专业知识能力。

四、结束语

对电气自动化技术专业的高职院校学生来说,学好专业英语对未来的职业发展非常重要;对相关高职院校来说,培养有一定专业英语水平的电气自动化技术专业技能人才是责任所在。当前,高职院校电气自动化技术专业英语的教学水平、教学资源、教学效果都还存在着不尽如人意的地方,能够胜任电气自动化技术专业英语教学的教师也不够多,教师的进步空间还很大。高职院校需要进一步提高对这门课的重视程度,加大对教学资源的投入,想方设法调动学生的学习主动性和积极性,为培养更多综合能力更强的高素质、高技能人才做出贡献。

参考文献

[1] 杜娟.电气工程及其自动化专业英语教学改进的探讨[J].电子测试,2016(23):183-184.

[2] 徐琳琳,苏宇晗.高职院校电气专业英语教学的探索[J].辽宁高职学报,2013(8):45-47.

善用铁路文化推进思政课高质量发展
——以武汉铁路职业技术学院为例

韩 丹 刘 励

(武汉铁路职业技术学院)

摘 要

中国铁路在从弱到大、从大到强的发展中衍生出了独具特色的铁路文化,是推进思想政治教育课(简称思政课)高质量发展的最佳素材。武汉铁路职业技术学院主动把握教育规律,深入挖掘铁路文化的教育价值,融铁路文化于思政课教学。在教学载体上,将课堂"搬"到模拟站台、铁路文化博物馆。在教学素材上,围绕铁路行业的管理规范和组织规范讲好最美铁路人的故事。在教学目标上,讲透近代以来的铁路发展历史,以铁路精神塑造学生价值观。善用铁路文化推进职业院校思政课高质量发展,应立足于高素质技术技能人才培养目标,把握精准原则,通过内容选择、方法设计、教学组织使铁路文化与思政课教学有机融合,以引导职业院校大学生补足精神之钙,铸牢思想之魂。

关键词

铁路文化 职业院校 思政课 高质量发展

一、引言

2022年7月,习近平总书记在新疆考察调研时指出,育人的根本在于立德,要坚持社会主义办学方向,培养德智体美劳全面发展的社会主义建设者和接班人。思政课是落实"育人"和"立德"任务的关键课程。当前,我国职业教育正处在提质培优、增值赋能机遇期和改革攻坚、爬坡过坎关键期,职业院校必须旗帜鲜明地开好思政课。在这一过程中,各职业院校积极推进思政课的高质量发展,但教学效果并不显著。因此,如何更好地推进职业院校思政课的高质量发展,使其服务于"培养什么样的人,怎样培养人以及为谁培养人"的教育根本问题,值得我们认真思考。

  人是一种文化存在。人的一生始终处在文化世界里,人接触、认识和体验着各种各样的文化,在丰富多彩的文化世界里塑造人格、影响智慧,完成人的社会化过程。大学生处于人生的"拔节孕穗"的关键时期,甄别能力不强,容易受复杂的文化环境影响,环境会极大地影响大学生的文化认知与选择,从而影响大学生的思想观念、价值取向与行为方式。职业院校学生的文化素质参差不齐,与职业院校高素质技术技能人才培养目标差距明显,文化自信教育可谓任重道远。思政课是加强文化自信教育的主阵地。因此,要上好思政课,职业院校就需要充分挖掘、运用各种文化资源,真正培根铸魂、启智润心。

  铁路在国家发展中有着特殊地位,彰显了中华民族由自卑到自立、自强、自信的发展历程。铁路对于每个人的成长也有着特殊意义,甚至可能是人在一生中重逢与离别的情感寄托。在铁路行业院校,学生对铁路更有着特殊情感,他们对服务于铁路事业充满着期待。中国铁路事业的发展与民族独立、人民解放、国家富强的伟大历程息息相关,其中孕育了特色鲜明的铁路文化,它熔铸于党领导人民在革命、建设、改革中创造的革命文化和社会主义先进文化,成为激励和鼓舞中华儿女追求民族复兴和国家富强的动力源。将铁路文化融入思政课教学,有助于拉近思政课与学生的距离,实现学生由理论上的清醒转变为政治上的坚定、行动上的自觉。

二、我国铁路文化的基本特质

  铁路是人类改造客观世界过程中的智慧结晶,铁路的诞生不仅推动了工业社会的飞速发展,而且对人类的思想观念产生了极大影响。在某种程度上,我们可以说,铁路改变了世界。英国作家克里斯蒂安·沃尔玛尔(Christian Wolmar)说:"列出铁路不曾改变的东西,比阐述它的成就更容易。"①从1876年吴淞铁路算起,铁路扎根于中国土壤已有140多年的历史,不同时期的社会环境孕育着不同的文化表达,逐步形成了形态多样、内容丰富、内涵深刻的铁路文化。

(一)铁路物质文化

  铁路物质文化是在铁路领域创造的有形实物,包括列车、轨道、车站(车辆段、机务段、调度所)、站台等设施所蕴含的文化。具体实物之所以有文化意义,是因为它们是被

---

① 克里斯蒂安·沃尔玛尔.铁路改变世界[M].刘媺,译.上海:上海人民出版社,2020.

精神灌注过的,它满足了人类的某种需要,表达了某种意图或精神意志。在我国,铁路物质文化凝聚了中国人民在建设铁路过程中的劳动和智慧,体现了中国铁路运输的生产特色和文化内涵。如,武汉火车站形似黄鹤展翅飞翔,象征着未来武汉的发展;武昌火车站形如编钟,是荆楚地域文化的浓郁体现;呼和浩特火车站形如翱翔的雄鹰,象征着蒙古族文化中的勇敢、自由和强健。

(二)铁路制度文化

铁路制度是在铁路领域形成的办事规程或行动准则,包括与铁路相关的政策、法律、规章、制度、准则等管理规范和组织规范,有利于规范铁路行为,提高服务质量,增强铁路经营管理水平,协调铁路与社会各方面关系,维护铁路部门和乘客等多方的权益。铁路是社会的窗口,铁路的路风如何,不仅关系到铁路自身的形象,而且对社会风气产生很大的影响。铁路制度文化集中反映了铁路服务于人民的价值追求和精神实质,表达了我国铁路兴国、强国的信心和决心。

(三)铁路精神文化

铁路精神文化是在铁路领域形成的思维方式、价值标准、职业道德、精神风貌等具有相对独立性的文化理念,是铁路文化的价值内核。在我国铁路事业的发展过程中,一代又一代铁路人艰苦奋斗,开拓创新,形成了詹天佑精神、二七精神、铁道兵精神、青藏铁路精神、高铁精神等。这些催人奋进的精神硕果是中华民族精神的重要内容,彰显了中华民族在铁路领域改造客观世界的精神意志和坚定决心。如,青藏铁路能够在克服多年冻土、高寒缺氧、生态脆弱三大世界性科技难题的基础上建成通车,是中华民族认识和改造自然的智慧和勇气的体现。

三、武汉铁路职业技术学院融铁路文化于思政课教学的探索

中国铁路从无到有、从普速到高速、从被迫接受到主动创新,是一部中华民族自信史的缩影。因此,铁路无疑是思政课教学的最佳素材之一。教育家雅斯贝尔斯认为:"教育不过是人对人的主体间灵肉交流活动,包括知识内容的传授、生命内涵的领悟、意志行为的规范,并通过文化传递功能,将文化遗产交给年轻一代,使他们自由地生长,并启迪其天性。"[①]因此,融铁路文化于思政课教学是遵循教育规律的必然选择。武汉铁路职业技

---

① 雅斯贝尔斯.什么是教育[M].陈巍,Karl Kraatz,译.上海:上海人民出版社,2022.

术学院深入探索铁路文化的育人功能和实施路径,将铁路文化贯穿于思政课教学,确保了人才培养的社会主义方向,有效推进了思政课的高质量发展。

(一)铁路物质文化是思政课教学的直观教学载体

铁路院校的校园不乏铁路元素,如火车、铁轨、站台等,这些都是物质文化的载体。在武汉铁路职业技术学院,最具特色的是模拟站台、天佑广场和铁路文化博物馆,思政课主动结合站台修建、路轨铺设、铁路运输、高铁建造等内容进行直观教学,重点讲解在国运衰微、民族危难之际,铁路人秉持筑路报国、兴路强国的初心,开始争路权、建铁路的苦苦求索。中华人民共和国成立后,铁路人克服重重困难,抢修旧线,建设新线,为国民经济恢复和社会稳定发展做出了积极贡献。进入新时代,高铁成为中国铁路高质量发展的亮丽名片,为世界交通事业提供了"中国智慧"和"中国方案"。武汉铁路职业技术学院利用铁路物质文化资源,鼓励学生积极探索中国铁路事业自信、自强的原因,从而增强实现社会主义现代化和中华民族伟大复兴的信心。

(二)铁路制度文化是思政课教学的生动教学素材

铁路是国民经济发展的"先行官"。铁路事业的发展,离不开各种规章制度,但制度文化并非简单化的规则,而是人类精神文化的外在表征,蕴含着精神文化的成分。在遵守制度、坚守岗位、服务人民、保障安全的铁路人队伍中,涌现出了铁路榜样、铁路工匠、铁路劳模等最美铁路人,他们扎根铁路事业,以高度的责任感和精益求精的专业水平助力铁路事业发展,让人民群众在出行的过程中拥有幸福感、获得感、安全感,向党和人民交上了一份满意答卷。在思政课教学中,武汉铁路职业技术学院融入铁路制度的讲解,引导学生传承好最美铁路人的优良传统和作风,赓续精神血脉,自觉形成"匠心为民"的责任意识。

(三)铁路精神文化是思政课教学的特色教学目标

中华人民共和国成立以来,铁路人先后攻克一系列世界级施工技术难题,在铁路建设领域创造了多项"世界第一"。截至2021年底,我国高铁营业里程突破4万千米,占世界高铁总里程的三分之二以上;其中时速300千米至350千米的高铁运营里程1.57万千米,占比39%;时速200千米至250千米的高铁运营里程2.44万千米,占比61%。我国成为世界上唯一实现高铁时速350千米商业运营的国家,树起了世界高铁商业化运营标杆,向世界展示了"中国速度"。我国铁路事业的发展,是铁路人爱国奉献、艰苦奋斗、敢于创新、勇创一流精神的最好诠释,是铁路人对"人民铁路为人民""生命高于一切"价值的坚守。在教学中,武汉铁路职业技术学院以成渝铁路、成昆铁路、宝成铁路、大秦铁路、青藏铁路的建设为例,对学生进行人生观教育、爱国主义教育和理想信念教育,使大学生具有铁一般信仰、铁一般信念、铁一般纪律、铁一般担当,成为合格的社会主义建设者和接班人。

从武汉铁路职业技术学院以铁路文化推进思政课高质量的教学效果来看,学生的认可度高,同行的好评度高,特别是特色思政课"速度中国"融铁路物质文化、铁路制度文化、铁路精神文化于一体,成为武汉铁路职业技术学院思政课的特色品牌和湖北省"新时代中国"系列思政金课。

四、善用铁路文化推进职业院校思政课高质量发展的着力点

铁路文化与思政课教学有着直接联系,职业院校以铁路文化推进思政课的高质量发展要立足于高素质技术技能人才的培养目标,精心挑选适合思政课教材体系的铁路文化"食材",精准设计"配方",最终实现职业院校的思政课以透彻的学理分析回应学生,以彻底的思想理论说服学生,用真理的强大力量引导学生。

(一)内容选择

内容是效果的决定因素。铁路文化内容体系庞大,如果将其随意融入思政课,学生就会毫无"食欲"。在思政课教学中,铁路文化的选择要符合两个条件:一是引导学生成为社会主义核心价值观的坚定信仰者、积极传播者和模范践行者;二是帮助学生理解教学内容,增强思政课的吸引力与感染力,真正让学生在心里种下真善美的种子。具体来看,融入思政课教学的铁路文化一定与思政课的教学目的与课程结构相适应,最终实现铁路文化与学生认知体系的对接,促进课程体系向学生信仰体系的转化。

(二)方法设计

长期以来,思政课处于以"教"为中心的教学模式,学生习惯于被动接受,缺乏问题探究意识。在思政课教学中融入铁路文化,使铁路精神与学生灵魂相互融合,需要在教学过程中突出基础性、主体性与思考性。基础性是指教学过程应围绕关涉个体生活与人类社会的重要而普遍的问题展开,以铁路精神引导学生思考问题;主体性是指教学应以学生为主体,引导学生从自身的视角去认识铁路精神,建立起铁路文化与自我生活世界的关联;思考性是指教学活动应以培养、提升学生的思辨与批判性能力为主,鼓励学生深入思考自己所处的时代。

学习是学生根据接触的信息,通过自己的背景知识,主动构建知识的过程。因此,教师可以根据教学目标选择适应学生思想实际,反映社会主义建设规律的铁路文化内容,将其穿插在教学中。同时,教师可以选择展现铁路工程建设者和运营维护者艰苦奋斗、共渡难关、荣辱与共精神的经典影片,如《桥》《铁道游击队》《铁道飞虎》等,也可以介绍《平沪通车》《平津道上》《车厢社会》《在西线的列车上》等文学作品,使学生了解中国铁路的发展史及其对人们生活的影响。

(三)教学组织

每一条铁路讲起来都有一段感天动地的故事,教师要对铁路故事进行挖掘与整理,组织学生在课堂上演讲、讨论、辩论,使学生在思维碰撞中感受中国从极度落后的"铁路弱国"到走在世界前列的"铁路强国"的发展进程,感受中国如何从列强瓜分路权的"自卑"形成中国铁路走出去的"自信",感受一代代铁路人在党的领导下,如何创造铁路发展的辉煌成就,推动铁路建设走向繁荣兴盛。教师可以结合教学内容重点安排铁路人物事迹学习,引导学生从优秀铁路人物的工作经历中感悟他们的家国情怀和奋斗精神。

五、结束语

铁路文化反映了中国铁路从自觉到自立,再到自强和自信的历程,是中华民族文化自信史的缩影。将铁路物质文化、制度文化、精神文化有效融入思政课教学,有助于培育高职院校学生爱岗敬业、争创一流、艰苦奋斗、勇于创新、淡泊名利、甘于奉献的劳模精神,崇尚劳动、热爱劳动、辛勤劳动、诚实劳动的劳动精神,执着专注、精益求精、一丝不苟、追求卓越的工匠精神。

参考文献

[1] 刘献君.文化是教育之根[J].教育文化论坛,2017(5):139.

[2] 克里斯蒂安·沃尔玛尔.铁路改变世界[M].刘媺,译.上海:上海人民出版社,2020.

[3] 杨善民,韩锋.文化哲学[M].济南:山东大学出版社,2002.

[4] 雅斯贝尔斯.什么是教育[M].陈巍,Karl Kraatz,译.上海:上海人民出版社,2022.

［5］ 涂可国.精神文化与制度文化辩证［J］.中共济南市委党校学报,2012(4):26-31.

［6］ 韩旭红,陈晨.中国铁路文化精神的育人价值及实现路径探析［J］.石家庄铁道大学学报(社会科学版),2020(3):90-95.

［7］ 习近平.用新时代中国特色社会主义思想铸魂育人 贯彻党的教育方针落实立德树人根本任务［N］.人民日报,2019-03-19(01).

信息化时代高校图书馆管理创新的思考

汪 婷

(武汉铁路职业技术学院)

摘 要

  随着信息技术的不断发展和变革,高校图书馆扮演着越来越重要的角色,成为学习、教育、研究的重要场所和资源库。在以数字化、网络化为主要特征的信息化时代,为了跟上时代发展的步伐,高校图书馆的管理面临着前所未有的挑战和机遇,需要与时俱进。高校图书馆管理创新需要关注读者的需求及其阅读习惯的变化,同时也需要关注新技术的应用,以便更好地为读者提供服务。本文将从高校图书馆管理的重要性及存在的问题出发,探讨如何优化高校图书馆的管理模式,以进一步提高读者的使用率和满意度。

关键词

  高校　图书馆管理　创新思考　信息化时代

一、引言

  为了适应信息化时代的发展,高校图书馆管理模式必须进行创新,加强信息技术应用,提高图书馆的服务质量,让更多的学生和教师能够更好地利用图书馆资源,推动学生自主学习和教师教学的改进。

二、信息化时代高校图书馆管理创新的重要性

  随着高等教育水平的不断提高,大学图书馆的功能也变得越来越重要。高校图书馆

不仅是知识的宝库,而且是学术交流与学术合作的重要场所。高校图书馆的管理不仅涉及图书馆的运作效率,而且关系到千千万万学子的学业成就和未来发展。

(一)为教学、科研、学习活动提供更多支持

学术活动是高校图书馆工作的重要内容之一,不同学科、不同类型的学术研究都需要不同的学术资料作为支撑。只有借助文献资源的支撑,高校学生和教师才能进行学术研究。作为高校学生和教师了解、获取知识的重要场所,图书馆扮演着重要角色。高校图书馆是学生、教师进行学术活动的重要场所,也是他们获取知识、进行科研和学习的重要平台。同时,图书馆还能够提供有效的学习资源,帮助师生更好地完成教学、科研和学习任务。

(二)为师生提供更完善的服务

高校图书馆管理人员负责收集、整理和管理图书馆内所有的图书、期刊、电子资源等,为师生提供舒适、便捷的学习环境,确保他们能够获得充分的信息和资料,并将其有效地运用到学术活动中。

(三)为学术信息发展提供更多资源

高校图书馆不仅为读者提供了丰富的学术资源,而且也是学术信息的重要集散地。通过对学术信息的收集和整理,以及对不同学科领域文献的收集,高校图书馆可以使读者快速获取所需信息。同时,高校图书馆通过为学生提供各种文献检索、图书借阅、电子资源查询及学术培训等服务,使学生在学习过程中提高自己的知识水平和学术素养。

随着社会的不断进步、科技的不断发展,在高校图书馆中,有大量的学术论文、科学报告等文献资料,这为学术研究人员提供了大量的信息资源和学术信息。

三、信息化时代高校图书馆管理创新存在的问题

随着高等教育的普及和发展,高校图书馆作为知识资源中心和学术研究中心的重要组成部分,承载着重要的教学与科研任务。然而,高校图书馆管理存在着诸多问题,我们需要客观地分析这些问题,并采取合理有效的措施加以改进,使高校图书馆的服务水平得以提高,更好地为师生服务。

(一)高校图书馆资源规划不合理

高校图书馆中有高价值的非教学资源,它需要大量的资金和人力资源的支持,才能更好地满足人们对知识的需求。然后,很多高校图书馆的资源规划并不十分合理,这主要有如下原因:缺乏专业的设计团队;经费来源少,缺乏稳定的资金支持;在规划中也缺乏良好的管理制度,缺乏对资源的充分利用等。此外,高校图书馆的资源建设和管理还需要政府和社会各界共同努力,以促进其发展。

(二)高校图书馆信息管理薄弱

现代图书馆建议将资源管理趋向虚拟化,即通过网络和电子技术,将图书馆的资源、服务和信息进行虚拟化管理,以提高资源利用效率和服务质量。但是,一些高校图书馆却没有认识到这一点,不能很好地利用现代科技手段来管理信息,因此其在管理过程中存在较多问题。

(三)高校图书馆图书资源不足

一些高校图书馆在书籍方面没有及时更新,导致一些师生找不到符合需求的最新出版的图书。因此,图书馆要及时更新馆藏图书资源,让图书保持新鲜的血液,才能够吸引年轻的读者。此处,图书馆需要注意图书的数量和质量,避免劣质图书进入图书馆。

(四)高校图书馆基础设施不完善

高校图书馆的硬件设施,如书架、桌椅等,都是图书馆的基础设施。基础设施的建设水平直接影响读者的借阅体验。随着网络技术的发展,很多高校图书馆也逐步引入了互联网,尝试建设智慧图书馆,方便读者在网上进行学习,对基础设施建设有所忽视。

四、信息化时代高校图书馆管理的创新路径

高校图书馆管理的创新对于提高高校教育质量、推进学术研究、服务师生和社会、实现国家文化建设和创新驱动发展战略等方面有着重要的作用。高校图书馆需要深入了

解学校情况和发展需求,借鉴国内外图书馆管理经验,不断提升自身创新能力,建立科学的管理评估体系,激发工作团队活力,更好地推进自身管理的创新。

(一)提升图书馆信息化管理水平

1.逐步增加图书馆电子化信息的投入

在信息化时代,电子化信息管理系统不仅可以为读者提供查阅资料的便利,而且能够使图书馆的服务更加智能化,从而提升读者对图书馆的满意度。为了更好地实现这一目标,高校应加大资金投入,使图书馆能够建立完善的网络信息服务平台,不断优化网络环境,进一步提高电子化管理水平,更有效地推进知识共享。另外,高校还可以针对这一问题进行详细调研,从而建立完善的网络化管理系统。

2.建立和完善图书馆自助借阅系统

在信息技术高速发展的背景下,高校图书馆要充分利用现代信息技术,完善图书馆自助借阅系统。高校图书馆可以运用相关的网络技术和计算机网络信息资源,改进图书借阅过程中的自助检索、自助查询、自助借书、自助还书等功能。图书馆自助借阅系统可以为读者提供更加便捷的借阅服务,同时可以节省工作人员的时间和精力,提高读者借阅效率,并进一步降低图书馆的管理成本。

3.优化图书馆的数字化服务

随着数字化时代的到来,高校图书馆在管理中也需要越来越注重数字化服务系统的应用,利用数字技术实现图书资源的数字化管理和共享,更好地满足师生的学习、科研等需求。同时,通过建立更加高效的数字咨询服务和信息检索机制,高校图书馆可以帮助师生更快、更准确地获取所需的信息,从而提高自身的服务水平。

4.规范数字化信息的标准化处理

高校图书馆应注重对信息进行规范化处理,以实现资源的合理配置。首先,需要对图书信息进行标准化处理,将其转换成统一的数据格式,以便其他语言的计算机系统可以读取和使用。其次,需要将图书信息按照其内容、性质等进行分类和排列,以便计算机系统可以更好地识别和使用这些图书信息。最后,可以采用人工智能技术对图书信息进行自动分类和整理,以实现信息的有效利用。此外,还需要制定图书管理的规章制度和流程,在服务机制、信息翻译和处理标准等方面下足功夫,以便更好地为读者服务。

(二)深化图书馆管理模式改革

1.制定科学的管理体系

图书馆的管理体系是保障图书馆正常运行的重要因素。目前,我国大多数高校图书馆都拥有较为完善的管理体系,但由于经费有限等原因,很多高校图书馆并没有及时更新和优化自身的管理体系。高校图书馆要想保障自身的价值,就必须重视管理体系建设。高校图书馆可以与时俱进地完善管理体系中的相关规定,例如标准化新书采购程序,这不仅有助于充分合理地利用有限的经费,而且能够提升图书馆的运行效率。另外,图书馆要想发挥自身的价值,就必须重视现代化技术的应用,从而不断丰富馆藏资源,增加服务种类,并保证服务质量。所以,高校图书馆的管理者要重视现代化信息技术的应用,从而为读者提供优质、高效的服务。

2.激发工作团队的活力

高校图书馆管理者应该深入研究管理方式,采取有效措施激发工作团队的活力,推动工作团队的创新和协作,通过组织培训和知识分享等方式,提升工作团队的整体素质和专业水平,共同推进高校图书馆管理的创新。

3.调整图书馆组织结构

图书馆组织结构是图书馆工作人员的集合体,包括其相互关系、地位和作用。它的设置应有利于完成图书馆各项任务,有利于发挥图书馆的整体效能,有利于馆员之间的协作和管理,有利于图书馆与学校其他部门密切配合完成各项工作。高校图书馆管理的创新离不开组织结构的合理调整,因此应建立适合高校图书馆管理的组织结构。组织结构的优化可以提高图书馆管理效率,也可以推动图书馆自身的发展。

4.完善图书馆的合理规划

为了实现图书馆的科学合理规划,我们需要根据图书馆自身的实际情况,对其结构和服务进行科学合理的设计。比如,在图书馆内部,对图书等资源进行合理分区,同时还要注意空间的利用效率,充分发挥藏书的作用。另外,图书馆还可以通过电子技术对图书进行智能化管理,这样可以有效地提高图书管理的效率,从而提高服务质量。

(三)打造个性化服务模式

个性化服务是高校图书馆管理创新的重要内容,主要是指图书馆根据读者的实际需求,以满足读者需求为出发点,不断优化图书馆服务模式,提供个性化服务。高校图书馆要积极推广个性化服务模式,针对不同的读者需求提供差异化的服务。在服务过程中,图书馆应注重读者的反馈意见,根据反馈意见进一步优化服务模式,以最大限度地满足读者的需求和期望。同时,图书馆工作人员可以定期向读者发送电子资源使用报告、图书推荐等信息。在服务过程中,工作人员可以根据读者的实际需求,提供相应的个性化服务,比如针对学生读者的实际需求开展一些线上讲座、阅读活动等;针对教师读者的实际需求开展一些线下活动等。

(四)完善现有的社会化服务平台

社交化服务平台是图书馆管理创新的另一个重要领域,主要指以学生为中心的校园社交网络平台,它能通过新媒体技术和网络技术实现图书借阅咨询等服务功能。在高校图书馆中建立社交化服务平台,不仅能加强图书馆与学生之间的沟通与互动,还能提高学生的学习效率。例如,在高校图书馆中建立一个微信公众号或微博账号,在微信公众号或微博账号上设置图书推荐,结合读者的阅读习惯和需求,为读者推荐他们可能喜欢的图书。通过社交化服务平台,读者能更加方便地与图书馆工作人员交流和互动,不同读者之间也能实现信息交流和信息共享。

(五)借鉴国内外图书馆的先进管理经验

在高校图书馆管理创新的过程中,我们需要结合实际情况进行创新,这是十分重要的。目前,在信息技术不断发展的背景下,图书馆管理模式也在不断革新。他山之石,可以攻玉。在实践过程中,我们可以借鉴国内外图书馆的先进管理经验,在管理模式和技术手段等方面做出创新,更好地促进我国高校图书馆的发展。

五、结束语

高校图书馆作为高校的重要组成部分,在知识传承、学术交流和文化挖掘等方面发挥着极为重要的作用。因此,图书馆管理创新将是高校图书馆发展的必然趋势。本文中介绍的创新思路,旨在激发更多高校图书馆的工作者探索创新管理模式,推进高校图书馆的发展,服务教育事业。同时,高校图书馆也需要在实践中不断总结经验,为自身未来的发展提供有力支持。

参考文献

[1] 谢卫,张春红.数字背景下高校图书馆管理创新的几点思考[J].中南林业科技大学学报(社会科学版),2011,5(6):155-156.

[2] 杨娟.数字背景下高校图书馆管理创新的几点思考[J].双语学习,2018(9):12.

[3] 李跃其."互联网+"时代高校图书馆管理创新策略[J].办公室业务,2023(9):173-175.

[4] 杜永红.关于高校图书馆管理创新的思考[J].才智,2014(34):40,42.

[5] 刘斌.高校图书馆管理创新思考[J].北京电子科技学院学报,2014(1):93-96.

铁路文化特色数据库建设探讨

王珊珊

(武汉铁路职业技术学院)

摘　要

　　建设铁路文化特色数据库是保护文化精神、传承铁路行业文化创新性的特色发展路径。创建学校特色品牌是提高学校核心竞争力的重要措施。武汉铁路职业技术学院根据铁路文化的体系和学校的办学优势,建成了铁路文化特色数据库,使其服务于学校的专业学科建设、人才培养及社会服务。本文提出了铁路文化特色数据库的建设方案。

关键词

　　铁路文化　特色数据库　资源

一、引言

随着网络资源利用程度的发展,高校图书馆需要在信息技术、服务方式、管理体制、人才队伍、合作共享五大方面转型升级。未来,高校图书馆实现特色发展的核心是有自己的特色资源。现在,许多高校图书馆提出了地域文化特色数据库建设设想,以彰显高校本身的资源优势。武汉铁路职业技术学院可以利用学校与铁路相关的特色学科资源,发挥铁路院校与行业的紧密黏性,服务铁路行业的长远发展,建立独一无二的具备学校特色的铁路文化特色数据库。

二、建设铁路文化特色数据库的意义

(一)优化馆藏结构,服务科学研究

武汉铁路职业技术学院为了更好地整合馆藏资源,为铁路文化研究提供平台,提升学校的办学特色,于2021年建成了铁路文化博物馆。2022年,中国铁道学会公布第二批"全国铁路科普教育基地"名单,铁路文化博物馆被认定为全国铁路科普教育基地。同时,通过建设铁路文化特色数据库,武汉铁路职业技术学院对传统文献资源进行数字化整理和加工,吸引更多的有专业需求的读者到图书馆来,使图书馆的信息资源得以充分利用。铁路文化特色数据库不断改进服务水平,方便了更多读者。武汉铁路职业技术学院有铁路文化博物馆的平台优势,有关于铁路文化研究的校级科研课题和各类省级科研课题资源优势,在此基础上,还可以利用各二级学院的优秀专业教师发表的学术论文等,以建设铁路文化特色数据库为契机,使铁路文化更加系统化,并开展相应的服务。

(二)传播铁路文化,发挥平台优势

铁路文化是铁路行业在建设、运行、发展过程中的物质文化和具有铁路行业特色的精神文化的总和,其中包括铁路建设精神、铁路运输服务特色、铁路运输生产特点、铁路运输设施提升等宝贵财富。随着社会的进步和发展,我国铁路文化建设也取得了显著成效。位于汤逊湖畔的武汉铁路职业技术学院图书馆可以发挥地域、资源和高校平台等优势,科学系统地收集、整理、加工传承铁路文化中的元素,将铁路文化发扬光大,积极对铁路文化特色数据库进行建设和研究,力争让图书馆成为铁路文化的特色资源保障中心,提供有关铁路文化的特色服务,服务师生,服务读者。

(三)提升学科建设水平,服务人才培养

铁路文化特色数据库建成后,可以为学校学科建设提供信息资源,让师生更多地关注、认识、研究铁路文化,让学生毕业后满怀信心地投身于铁路行业,用自身行动践行铁路文化,使铁路文化更具有生命力。

(四)促进资源共享,实现交流合作

武汉铁路职业技术学院图书馆结合学校的专业优势、铁路文化科研项目、全国18个

铁路局的发展历史等,开展铁路文化特色数据库的建设和完善工作,并与铁路局等机构联合建设信息资源共建共享体系。这种模式快捷地、全方位地丰富了学校图书馆的馆藏结构,实现了资源优化。这样的机制也可以拓展学校对外的学术交流,方便学校开展行业文化交流,高质量地完成校企合作项目。

(五)服务地方经济,创新服务体系

武汉铁路职业技术学院图书馆为教学和科研提供服务。同时,学校图书馆还承担着为当地的经济、文化、技术发展和建设提供精准方便的专业服务的社会职能。随着学校与铁路系统的联系和合作领域越来越深入、广泛,学校铁路专业建设研究的行业特色也更鲜明地凸显出来。

三、建设铁路文化特色数据库的原则

建设铁路文化特色数据库时,应该遵循以下几个原则。

(一)特色突出原则

特色突出是铁路文化特色数据库在建设时必须贯彻的原则。建设部门应科学、系统、全方位地对铁路文化资源进行挖掘,突出铁路文化的特色,在采集数据资源时,要坚持实用、方便原则,提高用户的体验。同时,在资源数据采集过程中要突出重点,选择具有典型性、代表性的数据,突出数据库的鲜明特色。

(二)共建共享原则

为了避免铁路文化特色数据库建设中的重复、浪费,相关部门应在建设过程中遵循分散建立、馆际合作、共建共享的原则,统一数据库的建设标准和评估体系,充分整合资源,实现资源的互通共享。

(三)先进性原则

铁路文化特色数据库建设需要投入大量的人力、物力,因此,相关部门要依据先进性原则开展建设工作。铁路文化特色数据库是网络信息化的产物,在运行中要采用数字技术和科学管理模式。因此,建设部门可以采用大数据、3D打印等技术,将铁路文化特色数据库建设成容量大、兼容性高、安全性强、搜索便捷、速度快、准确度高和扩充性强的新型数据库,保障数据库的先进性。

(四)服务学校原则

铁路文化特色数据库需要充分发挥自身的资源优势,增强铁路文化的软实力,推动铁路专业学科的升级发展,为铁路行业培养优秀的高素质技术技能人才,最大限度地发挥铁路文化特色数据库的效能,为教学和科研提供最优质的服务。

四、建设铁路文化特色数据库的要素

(一)数据资源采集原则

武汉铁路职业技术学院图书馆是铁路文化特色数据库建设的主体,铁路文化资源是数据库建设的客体。在资源数据采集中,应遵循以下几个原则。一是数据来源广泛。需要全力挖掘利用本馆资源,用多种方式,通过多种渠道获取数据库关联资源。二是资源形式多样。图书、期刊、会议论文、学位论文、专利、音频、视频、网络信息等各类型数据均可收录。三是在追求数据量的时候,要确保质量。四是文献数据的采集要注重时效性,合理设置更新频率。

(二)数据资源采集范围

根据数据资源采集原则,铁路文化特色数据库的数据采集范围主要包括以下七个。第一,本馆馆藏和学校已有的与铁路文化相关的历史文献、音频、视频等资源,并将其数字化。第二,遴选已经购买了使用权的资源中与铁路文化相关的电子资源,对其进行二次加工。第三,为保证文献信息的收全率,还可以采用共建共享的方式从其他单位获取资源,比如到各高校图书馆、档案馆、博物馆和科研部门等,收集和整理与铁路文化相关的信息资源。第四,学校师生在铁路文化科研课题中形成的成果,包括公开发表的期刊论文、学位论文等都可以进行收录。第五,非正式出版物的收录也十分重要,应重点收录有重要参考价值的信息,比如专家学者们的课堂演讲、学术报告视频以及其他来源于网络的信息资源等。第六,通过采访地方专业人员或文化名人采集相关资源。第七,通过网络收集其他符合读者需要的、符合标准的铁路文化资源。

(三)数据资源采集方法

数据资源采集方法要多样化,采集途径要广泛化。采集方法和采集途径主要有三种。一是由人工通过协商采集。将学校图书馆馆藏及其所购买的大型数据库资源重新整合并分类,大规模地采集各地铁路文化特色数据库的资料。二是公开订购和征集资源,例如通过文献征订目录及时订购正式出版和公开发行的刊物,通过公开征集本地专业人士和传统文化继承人收集和拥有的资料。三是在数据采集中强调联合共享、交流协作,例如充分利用图书馆的联合目录、文献检索、馆际互借等功能,通过拍照、扫描、复印、打印、剪辑、抄录等方法收集大型丛书、类书、文集、杂志等中的文字资料、图片资料和视频资料。

(四)数据资源加工处理

对原始信息数据资源进行整理,使其精练、标准、系统、有序,随后这些信息数据资源才能入库,供读者使用和共享。首先,可以将有价值的数据筛选出来,然后对数据进行标准化剪辑、加工,其中涉及媒体格式、转换程序、文档质量等;其次,对数据进行科学标引,确保数据的科学性和检索效率;最后,对数据资源进行审校,对录入的所有数据进行全面、认真、仔细的审校,避免重复录入和错误录入,可以运用计算机的自动审校程序,确保数据库数据的真实性和准确性。

(五)数据资源宣传推广

学校可以通过多种途径向读者宣传推广铁路文化特色数据库。例如,可以通过用户调查表了解读者对数据库的评价,利用后台监测用户行为,完成用户画像,完善数据库的管理,还可以举办专题讲座、向数据库商家学习、开设文献信息检索课、制作宣传册等一系列方式推广数据库,促进读者充分利用数据库资源。

五、结束语

铁路文化特色数据库建设是凝聚行业文化软实力的有效途径。铁路文化特色数据库的建设能充分利用铁路特色资源,为学校的科研和学科发展服务。图书馆承担着新时代的文化传播责任,积极探索并完善特色数据库的建设具有重要意义。

参考文献

[1] 许晓云.水利院校图书馆水文化特色数据库建设探讨[J].南昌工程学院学报,2017(5):104-108.

[2] 王岚.高校图书馆黄河水文化特色数据库建设研究——以华北水利水电大学图书馆为例[J].华北水利水电大学学报(社会科学版),2016(2):155-157.

[3] 陈淑慧.中原地区食文化特色数据库建设探讨[J].河南图书馆学刊,2021(4):84-86.

[4] 连义平,刘广武.浅谈铁路文化建设[J].交通企业管理,2017(4):62-63.

[5] 张蕊."一带一路"建设中的图书馆定位与发展[J].甘肃科技,2019(16):105-107.

从动态对等理论看教材翻译的特点
——以《高速铁路信号与通信》译本为例

张 好

(武汉铁路职业技术学院)

摘 要

《高速铁路信号与通信》是由武汉铁路职业技术学院编写团队完成的教材,用于教师的对外教学工作,它是在铁路大发展的当下,为适应学生不断增长的学习和就业需求而产生的。该教材的汉译英工作具备较强的专业性,对信息的传达功能也提出了较高的要求。本文以奈达的动态对等理论为依据,首先阐明该理论的定义,解释动态对等和形式对等,再结合具体的翻译实例,从动态对等和形式对等两个方面分析动态对等理论在教材翻译实践中是如何应用的,最后得出教材翻译要遵循的共性原则。本文的研究目的在于从翻译实践的角度探讨教材翻译的特点,补充当前教材翻译研究领域的空白,完善译者的翻译实践活动,并为未来的教材翻译实践提供参考。

关键词

教材翻译 动态对等理论 铁路专业 应用文

一、引言

目前,我国在对外教学上的需求随着"一带一路"的发展而逐渐增多,翻译界对教材翻译的研究也在不断深入,但铁路相关专业教材翻译的研究却存在较大的空白。《高速铁路信号与通信》一书的译本是针对海外相关专业学生的教学用书,其专业性和应用人群有一定的代表性。本文试图将动态对等理论作为理论依据和切入点,研究铁路教材翻译的特点,探讨教材翻译的共性,以此指导教材翻译实践。

二、《高速铁路信号与通信》的特点及翻译背景

《高速铁路信号与通信》是由武汉铁路职业技术学院编写团队完成的专业教材,由中国铁道出版社出版,用于该校的铁路通信信号相关专业的教学。该教材的编写人员包括武汉铁路职业技术学院的教师和中国国家铁路集团有限公司的专家,具有较强的专业性和教育性。结构上,为了让学生迅速了解每章的主要内容,每章开篇设置了"本章提要",概述该章的内容;为了便于向学生解释原理和概念,每章还配有结构图和表格;同时,为了让学生掌握重要知识点,每章还设有思考题,供学生在每章学习结束后进行复习和思考。该书还根据实际教学安排设置了 12 个章节,每个章节包括一个方面的知识。综上,笔者将该书的主要特点概括为以下几点:① 专业性强,主要为铁路信号与通信相关专业知识;② 教育性强,以教授学生知识为目的,这也是教材区别于其他科技应用文的一点;③ 充分考虑学生学习的过程,在结构设置上进行适当的安排,例如每章开篇设置概要,正文部分在解释概念时用图表作为辅助,在每章结尾设置思考题;④ 根据实际教学安排设置每章的内容。

教材《高速铁路信号与通信》的翻译是由武汉铁路职业技术学院的翻译团队完成的,翻译团队的成员主要为英语教师和专业课教师(英语教师为翻译人员,专业课教师为专业顾问),译本的目标人群主要为海外教学项目中以英语为通用语言的学生。笔者负责翻译该书中的两章,因此本文主要结合笔者对这两章的翻译进行分析。

三、动态对等理论

动态对等理论是尤金·奈达(Eugene A. Nida)在他的代表作《翻译理论与实践》(*The Theory and Practice of Translation*)一书中提出的。奈达认为,基于对等效应原则,译文接受者和信息之间的关系应与原文接受者和信息之间所存在的关系保持相当程度的一致,即原文的信息和译文的信息需要对等。也是在这本书中,奈达也提出了形式对等理论,即原文的结构和译文的结构需要对等。奈达认为,原文的信息传递在翻译中是极为重要的,译者需要充分考虑读者对信息的接收和理解,充分考虑读者的感受。若形式对等和意义对等产生了冲突,那么形式对等需要让位于意义对等。

奈达提出动态对等理论的基础是他对于圣经翻译的研究,因为圣经的受众接触圣经更多地是通过传教、布道等口头表达的形式,所以奈达就此提出了"优先体系"(A System of Priorities),包括四点内容:① 语境一致优先于词语一致;② 动态对等优先于形式对应;③ 语言的听(说)形式优先于书写形式;④ 译本受众的使用和接受形式优先于

传统的翻译形式。这四点是对奈达动态对等理论的概括,可以看出虽然奈达看重文本的信息对等,但是他并没有完全否定形式对等的重要性,包括后来奈达为了避免误解,把"动态对等"改为"功能对等",实际上,动态对等并不排斥形式对等,只不过在二者产生冲突时,需要优先考虑信息对等。

本文采用奈达的动态对等理论对译文进行分析,是因为教材作为一种特殊的应用文本,和圣经有相似之处。首先,教材的受众是学生,学生普通接受的对于教材的学习方式主要是通过教师的讲授,这一点与圣经的受众通过传教、布道的方式来学习圣经相似。其次,教材虽然是专业书籍,但是受众为职业院校的学生,他们的专业知识储备相对较差,他们对于专业领域知识的学习还处于初学阶段,而不是研究阶段。这一点与圣经的大多数受众并不是专业研究者类似。最后,学生对教材的学习以理解知识点为主,因此教材的可读性和可理解性显得尤为重要,这与圣经的传播主要为了让受众理解相似。

当前,国内研究教材翻译的论文较为少见,使用动态对等理论研究教材翻译的论文则更为少见。笔者对于教材翻译的研究主要从以下几个方面入手,即通过信息传达、受众的接受程度等角度来探讨教材翻译的特点和应当遵循的原则。

四、动态对等优先于形式对等的具体案例分析

动态对等优先于形式对等的情况主要体现在表达方式上,以传达信息为主,同时充分考虑受众的感受。教材译文的目标读者主要是以英语为通用语的学生,因此在翻译时,笔者更加强调学生的语言习惯,以学生的理解为重点。

例1

原文

本章系统阐述了郑州、北京、西安等铁路局IP数据网的建设方案,并对网络安全知识有所介绍。(刘建国,张仕雄,2016:113)

译文

In this chapter, we explain how to construct IP data network of Zhengzhou, Beijing and Xi'an railway administrations systematically, and introduce network security.

例1中,原文中的"本章系统阐述了……的建设方案"和"有所介绍"在汉语正式文体中较为常见,若直接翻译为英文,就是"the construction scheme on... is expouded systematically"和"the knowledge of... is mentioned",则显得冗长,读者也难以理解。

因此,译文将其处理为"In this chapter, we explain how to construct..."和"introduce",这样对于学生读者来说较为简单,也更为通俗易懂。笔者将"……知识"删除,没有完全翻译出来,因为"network security"在语境中已具有"网络安全知识"的含义,无需赘述。这体现了动态对等优先于形式对应,以及译本受众的使用和接受形式优先于传统的翻译形式的观点。

例 2

原文

2007年4月,铁路进行了第六次提速,列车行驶速度增加到200km/h,随着列车行驶速度的加快,将需要更多的、准确的信息,辅以更加先进的技术手段来保证列车的行车安全。(刘建国,张仕雄,2016:113)

译文

In April 2007, train speeded up for the sixth time to 200km/h. For this reason, China Railway needs more and accurate information to ensure safe running with more advanced technology.

通过例2,我们可以看出,译文在形式上对原文进行了较大变动,在表述上更加简洁、直观,并且没有丢失重要信息。原文为一句话,翻译时,笔者通过对原文的意群进行划分,将原文分隔成两个小句,并且都是简单句。这一点体现了动态对等优先于形式对应的原则。原文中的"随着列车行驶速度的加快"在上文中已有提及,译文则使用"For this reason"简单带过,并不影响读者理解。这体现了语境一致优先于词语一致的原则。同时,笔者在译文的第二句添加了主语"China Railway",通过上下文我们可以看出,需要信息和采用手段的主体是中国国家铁路集团有限公司(简称中国铁路),因此笔者在译文中添加主语以进行详细解释和说明,体现了对等理论中充分考虑读者(即译文信息接收者)的感受的理念。为避免冗余,原文中的"手段"在译文中直接省去。

例 3

原文

采用MSTP和IP技术在武汉铁路局管内构建一个以铁路中间站为基础信息接入单位的高速宽带,不受地域限制,通过应用系统统一策略控制和管理的多业务专用宽带数据网络综合信息化业务平台,为铁路局各种信息化应用系统提供丰富多样的接入手段和优质、安全、灵活的组网方式,网络带宽可满足当前已提出的各类信息化需求且可以快速平滑升级,确保充分满足铁路信息化建设的发展需要。(刘建国,张仕雄,2016:118)

译文

Without regional restriction, Wuhan Railway Administration applies MSTP and IP technology to construct a high-speed broadband based on railway intermediate station as basic information access unit within its management. It is an integrated information service platform with multiple service private broadband data network by unified policy control and management of applying system, providing access methods and high-quality, safe and flexible network means for information application systems. The network bandwidth can meet the current information demand and upgrade quickly and smoothly for railway information construction.

例 3 中,原文为一整句话,笔者在翻译时同样将原文按照意群切分为 3 个小句。为了使教师在讲授和学生在阅读时能快速理解文意,译文对原文的结构进行了调整。例如,笔者考虑到在朗读时,如果"within"和"Without"结构距离太近,可能会导致理解障碍,因此译文将原文中的"不受地域限制"调整到句首。这体现了语言的听(说)形式优先于书写形式的原则。原文中的"为……提供"在译文中转化为"for",以实现语言的简洁,方便读者抓取重要信息。原文中的"确保充分满足……的发展需要"也转化为"for",因为根据上文,"for railway information construction"中的"construction"本身包含"发展"的意思,前文所述"网络带宽可满足当前已提出的各类信息化需求且可以快速平滑升级"的目的就在于表达网络带宽能促进铁路信息化建设的发展,故"for railway information construction"能够包含"确保充分满足铁路信息化建设的发展需要"的含义。这体现了语境一致优先于词语一致和动态对等优先于形式对应的原则。

五、在不影响信息传递情况下的形式对等

奈达的动态对等理论虽然对于意义对等的强调更为突出,但是并未忽略形式对等。当意义对等和形式对等不冲突时,我们要保持意义和形式的双重对等。

根据前文所提到的《高速铁路信号与通信》的特点,我们可以知道,这本教材根据教师教学安排和学生学习规律,每章都设置了"本章提要"、图表、"思考题",协助教师授课,帮助学生理解知识点。这些设置在翻译的过程中不影响信息和意义的传递,不会出现意义对等和形式对等冲突的情况;相反,如果对这些形式进行改动和删减,则会导致信息的缺失和误传,因此需要保留。

此外,该教材本身属于铁路专业领域的应用文体,包含许多专业术语。我们在翻译术语的时候,必须保持前后文术语一致,即选择形式对等。例如,将"数据网"译为"Data

Network","路由器"译为"router","接口"译为"interface","端口"译为"port","武汉铁路局"译为"Wuhan Railway Administration",等等。这些都是有固定译法的专业术语,在翻译中需要对应翻译。

六、教材翻译所要遵循的原则

通过对《高速铁路信号与通信》原文以及译文的分析,我们可以得出教材翻译所要遵循的三个共性原则。

第一,在考虑学生读者基础和理解能力的前提下,保持意义对等。适当使用动词和介词替代名词,将被动语态转化为主动语态,对于上文已提到的信息,下文无须赘述,尽量使语言简洁明了。

第二,充分考虑学生读者的阅读体验。在不丢失重要信息的前提下,适当调整语序,并做适当删减,方便学生在阅读时抓取关键信息。

第三,在文章结构方面保持形式对等。保留教材本身的篇章结构、图表以及专业术语,在翻译时将它们对应转化为译文。

七、结束语

教材翻译作为一种特殊的应用文翻译类型,对原文文本特点的研究有助于译者制定对应的翻译策略,以满足教学和学习的双重需求。本文就实际翻译案例的分析总结出了教材翻译需要遵循的共同原则,对翻译实践有一定的指导意义。

参考文献

[1] Nida E A, Taber C R. The Theory and Practice of Translation[M]. Shanghai: Shanghai Foreign Language Education Press, 2004.

[2] Nida E A. Language and Culture: Contexts in Translating[M]. Shanghai: Shanghai Foreign Language Education Press, 2001.

[3] Pinkham J. The Translator's Guide to Chinglish[M]. Beijing: Foreign Language Teaching and Research Press, 2013.

[4] 林克难.奈达与纽马克翻译理论比较[J].中国翻译,1992(6):2-5.

[5] 刘建国,张仕雄.高速铁路信号与通信[M].北京:中国铁道出版社,2016.

高职院校高等数学课程思政建设的实践探究

胡艳寒

（武汉铁路职业技术学院）

摘　要

当前，在课程思政背景下，对高等数学进行课程思政改革是落实教育立德树人根本任务的必然趋势和要求，是实现思想政治教育工作贯穿育人全过程的重要途径。本文在习近平总书记重要讲话精神和教育部《高等学校课程思政建设指导纲要》文件精神的指导下，结合武汉铁路职业技术学院的办学定位、专业特色和人才培养要求，在深入挖掘课程中所蕴含的思政资源的基础上，确定了高等数学课程思政建设的方向和重点，并从修订高等数学课程标准、优化课程内容供给、改革课程教学方式方法、重构课程考核评价体系几个方面对高等数学课程思政教学改革进行了实践与探究。

关键词

高等数学　课程思政　教学改革　实践探究

一、引言

2016年12月，习近平总书记在全国高校思想政治工作会议上强调："要坚持把立德树人作为中心环节，把思想政治工作贯穿教育教学全过程，实现全程育人、全方位育人，努力开创我国高等教育事业发展新局面。"2020年5月，教育部印发《高等学校课程思政建设指导纲要》，全面部署课程思政建设，指出"全面推进课程思政建设，就是要寓价值观引导于知识传授和能力培养之中，帮助学生塑造正确的世界观、人生观、价值观"。在此背景下，对高等数学进行课程思政改革是落实立德树人根本任务的必然趋势和要求，是实现思想政治教育工作贯穿育人全过程的重要途径。教学团队经过近几年的摸索与实践,已经逐步形成了完整的高职院校高等数学课程思政育人模式。

二、高等数学课程思政建设方向和重点

(一)确定课程思政总目标

根据教育部《高等学校课程思政建设指导纲要》文件精神,结合武汉铁路职业技术学院的办学特色和"立足铁路、服务湖北、面向社会"的办学定位,学校明确了高等数学课程思政建设要引导学生将小我融入大我、将个人理想融入社会理想的大方向;再对标轨道交通运输类专业群,确定理想和信念坚定,拥有良好的人文素养、科学素养、职业道德、创新意识和精益求精的工匠精神的人才培养目标。因此,学校在深入挖掘高等数学课程中所蕴含的社会主义核心价值观、马克思主义哲学观、科学精神、职业道德等思政资源的基础上,确定了"坚定理想信念、培养科学精神、提高职业素养"的高等数学课程思政总目标。高等数学课程思政载体如表1所示。

表1 高等数学课程思政载体

章节名称	教学内容	课程思政契合点	思政主题	思政目标
第一部分 函数与极限	函数的概念	数学家熊庆来——爱国主义 华罗庚与反函数——爱国主义	家国情怀	坚定理想信念 培养科学精神 提高职业素养
	极限的概念	《庄子·天下篇》、刘徽割圆术——文化自信		
	连续性与间断点	概念内涵——小我融入大我、价值观		
第二部分 导数与微分	导数的概念	中国高铁——精益求精 概念内涵——无限逼近、精益求精	工匠精神	
	导数的运算	方法规范——一丝不苟、严谨细致 函数图像——专注、精雕细琢		
	导数的应用	港珠澳大桥——探索创新、追求卓越		

续表

章节名称	教学内容	课程思政契合点	思政主题	思政目标
第三部分 定积分与 不定积分	定积分思想	思想内涵——辩证唯物观、崇尚真理、探索精神	科学精神	
	牛顿——莱布尼茨公式	牛莱之争——批判精神、探索精神		
	定积分的应用	赵州桥、中国天眼——创新精神		
第四部分 微分方程	微分方程的概念	火车制动模型——安全意识、责任意识	责任担当	
	一阶微分方程	传染病模型——责任感、担当精神		
	二阶微分方程	欧拉、拉格朗日——奋斗精神 基尔霍夫——探索创新		

(二)设计课程思政建设思路

高等数学课程思政建设思路包括如下内容：① 一个理念，即"价值塑造、知识传授、能力培养"三位一体；② 两个结合，即线下与线上相结合、课堂内与课堂外相结合；③ 三个适合，即切入点适时、动情点适当、融合点适用；④ 四个主题，即家国情怀、工匠精神、科学精神、责任担当；⑤ 六种融入形式，即"数学史感染型""情境带入型""案例渐入型""哲理融入型""思维训练型""应用深入型"。

根据学生的认知规律，做好顶层设计，教学内容按照"引例背景—思想概念—计算方法—知识应用"的梯次递进结构，课程思政按照"感知孕育—领悟形成—应用发展"的渐进发展原则，两条主线有机融合，相互渗透，促进学生知识、能力、素质的协调发展。

(三)构建系统化的课程思政体系

学校立足高等数学"服务专业、强化应用、培养能力、提升素养"的课程定位，根据专业人才培养目标，修订高等数学课程标准，优化课程整体设计，从点、线、面出发，挖掘课程思政元素，收集课程思政典型素材，设计思政融入方式，重构科学评价体系，形成可操作的课程思政教学方案设计，构建系统化的课程思政体系，并在组织实施中不断完善。

三、高等数学课程思政教学改革的实践

(一)修订高等数学课程标准

学校根据专业人才培养方案,结合学科特点,重新修订了高等数学课程标准,将"坚定理想信念、培养科学精神、提高职业素养"的课程思政目标和数学运算、直观想象、逻辑推理、数学抽象、数据分析、数学建模等数学核心素养融入课程标准中,集价值塑造、知识传授、能力培养于一体。新修订的课程标准能为课程思政教学改革提供理论和实践指南。

另外,为保证课程思政实施的整体性、系统性、科学性,学校以习近平总书记在全国高校思想政治工作会议上的重要讲话精神和教育部《高等学校课程思政建设指导纲要》文件精神为指导思想,制订了高等数学课程思政示范课程建设方案,用以指导高等数学课程思政的实施。

(二)优化高等数学课程内容供给

1.选用模块化的新型活页式教材

原有的高等数学教材内容和课程体系大多由数学概念、公式、定理、证明和解题技巧组成。新型活页式教材依据新课标,增加了逻辑思维、数学应用部分,将教学内容划分为三个模块,即基础模块、思维模块和应用模块,教师可以根据各专业的特点,将三个模块有机组合进行教学。

基础模块在传统教学内容的基础上,新增了数学家的事迹、微积分发展史,以伟大成就、科学精神感染学生,凸显数学思维方法、马克思的唯物辩证主义观点,培养学生科学的思维方法。思维模块结合学生未来的就业需求,训练学生的专注力、观察力、逻辑思维能力,提高学生的工程思维品质。应用模块新设九个应用项目,以生活实际、专业案例为背景,培养学生的创新精神,增强学生的责任担当。

2.组建高等数学课程思政素材库

根据新修订的高等数学课程标准,教学团队多次组织教研活动,充分挖掘课程思政元素,寻找课程思政资源,践行课程思政教学,从数学史、哲学思维、社会热点、专业案例、课堂组织过程、第二课堂等方面积累课程思政案例,组建了高等数学课程思政案例库,其中有近400个思政案例入选学校优秀案例。教学团队将思政案例潜移默化地融入课程教学中,重新设计授课计划,编写集知识、能力、素质目标于一体的教学设计,并进一步根

据学生的认知规律,确定课程思政主线,构建拥有多个思政契合点的课程思政体系,建成课程思政素材库。

3. 完善高等数学在线精品课程资源

学校优化线上文档及视频资源,新增课程思政教学设计,开设慕课学院,保障线上线下课程思政教学的实施。

(三)改革高等数学教学方式方法

第一,结合教学内容,针对性地采用启发式、互动式、探究式教学方法。其中,基于问题解决的探究式教学方法以"提出问题—分析问题—解决问题"为主线,引导学生一步步探索发现,勇于尝试,大胆发言,让学生在教学过程中感受成功的乐趣与探索的成就感,增强学生的自信心,培养他们勇于探索的创新精神。

第二,灵活应用教学组织策略。以社会热点、生活实际情境导入,可以让冰冷的数学符号、公式"暖"起来;通过实验演示,数形结合,可以让抽象的数学概念"活"起来;基于问题解决的小组讨论、讲练结合,可以让被动的学生"忙"起来。

第三,创新课程思政融入方式。以切入点适时、动情点适当、融合点适用为标准,通过"数学史感染""情境带入""案例渐入""哲理融入""思维训练""应用深入"等六种方式融入思政元素,告别课程与思政"两张皮"的现象,让思政教育不生硬、不刻意,使学生在学好专业内容的同时潜移默化地接受思政教育。

第四,充分利用智慧职教、中国大学 MOOC(慕课)等网络平台开展线上线下混合式教学,让传统课堂与网络学习形成优势互补。

第五,积极开拓第二课堂,依托学生社团开展大学生数学建模竞赛、"数独达人"竞赛,达到"内化于心,外化于行"的教学效果。特别是大学生数学建模竞赛,与学生毕业以后的工作很相近,能全面培养学生的知识、能力和素质,有利于学生开放性思维和创新意识的培养,真正实现"一次参赛,终身受益"。

(四)重构多维立体评价体系

在修订课程标准的基础上,教学团队完善了学生考核评价方式,推进课程考核评价机制建设,从知识评价、能力评价、素质(含思政)评价三个维度实施课程评价,形成考核评价表(见表2),将形成性考核与终结性考核相结合,使评价覆盖教学全过程。以学生自评和互评、教师点评、辅助资源实时数据等方式及时对学生的课堂表现做出评价,利用课后延时评价和第二课堂辅助评价对学生在课堂之外的表现做出评价,这些能极大地提升学生的学习积极性。

表2 考核评价表

知识评价（30%）		
考核要素	考核占比	考核依据
1.概念	10%	职教云平台数据
2.运算	10%	职教云平台数据
3.应用	10%	完成任务单（教师评价、小组互评）
能力评价（40%）		
考核要素	考核占比	考核依据
1.成果展示（一）	30%	成果展示质量（教师点评）
2.成果展示（二）	10%	成果展示质量（自评、小组互评）
素质评价（30%）		
考核要素	考核占比	考核依据
1.学习态度	10%	自主完成课前、课中、课后学习任务（测试成绩）表现及进步情况
2.探索创新	10%	完成任务的质量、提出建设性的观点、解决问题的思路、不惧困难、第二课堂
3.责任意识	10%	小组合作完成任务的质量、协作精神、过程中的严谨规范、担当表现

四、高等数学课程思政教学实践成效

高等数学课程思政改革自实施以来，育人成效明显，学生的获得感和成长度得到大幅度提升，团队教师的思政教学理论水平也明显提升。在学校组织的问卷调查中，学生对高等数学课程思政教学的满意度达到95%以上，在期末教学质量考核中，该团队的教师名列前茅。学生参与数学建模竞赛的积极性提高，学生的荣誉感明显提升。学生社团成员从12人增加到175人，参加全国大学生数学建模竞赛的队伍由原来的2支增加到6支。学生在竞赛中表现出了不怕苦、不怕累、精益求精、探索创新的精神品质和团结协作、遇到困难不退缩的责任担当。高等数学课程思政教学团队被评为学校教学创新团队，团队成员发表多篇教学改革相关论文，其中包括课程思政论文5篇。团队教师获得1项省级课题，1项省级学会课题，3项校级课题。高等数学课程思政教学团队创新的课程思政建设方法和路径在学校得到了肯定和推广，该课程被认定为2022年校级课程思政示范课程，在全校范围内发挥了示范引领作用。

参考文献

[1] 习近平.在全国高校思想政治工作会议的重要讲话[N].人民日报,2016-12-09(01).

[2] 教育部.教育部关于印发《高等学校课程思政建设指导纲要》的通知[EB/OL].[2020-06-01].http://www.moe.gov.cn/srcsite/A08/s7056/202006/t20200603_462437.html.

[3] 欧平.高职高专课程思政:价值意蕴、基本特征与生成路径[J].中国高等教育,2019(20):59-61.

[4] 王倩.课程思政融入高职数学的教学改革探索[J].北京工业职业技术学院学报,2020(1):83-86.

[5] 李洁坤,陈璟.大学数学"课程思政"教育教学改革的研究与实践[J].教育教学论坛,2019(52):120-121.

工匠精神融入高职实训教学的路径研究

胡 海

（武汉铁路职业技术学院）

摘 要

实训教学是高职教育的重要组成部分，在实训教学中渗透工匠精神培育元素可以拓展实训课的育人功能，培养学生的职业素养、职业精神、职业能力，提高学生分析实际问题、自己动手解决实际问题的能力，使学生未来更加适应职业、岗位的需求。

关键词

工匠精神　实训课　高职

一、引言

2020年，中共中央、国务院印发了《关于全面加强新时代大中小学劳动教育的意见》，其中规定，职业院校以实习实训课为主要载体开展劳动教育，工匠精神专题教育不少于16学时。习近平总书记强调要弘扬劳动精神，引导学生热爱劳动、尊重劳动、崇尚劳动。这些都将学生工匠精神的培养上升到了新的高度，也对高职教育提出了新的要求。

实训课是高职教育课程体系的重要组成部分，在实训课中融入工匠精神元素可以让以知识、技能的掌握为主的实训课拓展和升华为劳动育人课程，提升学生的职业素养、职业精神、职业能力。

二、工匠精神融入实训课的意义

(一)引导学生树立正确的劳动观

现在的在校大学生主要是 2000 年以后出生的孩子,大多来自独生子女家庭,无论是从事家务劳动还是参与社会劳动,他们的机会都较少,再加上来自家庭和社会的一些错误的劳动观念,使他们中的一部分人对劳动以及职业教育存在误解和偏见。高职教育的实训课尤其需要通过融入工匠精神、开展劳动教育来帮助学生树立正确的劳动观。

(二)符合培养高素质技术技能型人才的需求

当前,我国经济发展正处于转型期,人口红利优势逐渐减弱,企业对于高素质技术技能型人才的需求逐渐增加。高职实训教学需要通过融入工匠精神提升学生对于工作岗位的适应能力。

(三)拓展育人功能

教育家苏霍姆林斯基认为,离开了劳动,就没有真正的教育。高职教育是以技术、技能的培养为主的教育,不能"只教不劳",也不能"只劳不教",只有将"劳"和"教"有机结合起来,才能达到育人的效果。在高职实训教学中融入工匠精神元素能让学生有获得感。

三、工匠精神融入实训课的策略

如图 1 所示,工匠精神融入实训课的途径丰富,目标多样。高职实训课既有理论讲解部分,又有技能实操部分。教师在实训过程中讲解大国工匠思政案例,引导学生尊重劳动、热爱劳动、崇尚劳动,能培养学生的工匠情怀;通过模块化、信息化的教学活动,能提高学生的劳动技能,使学生养成规范化、标准化的工作习惯;通过现场实操,能提升学生的动手能力,增强学生的身体素质,培养学生吃苦耐劳的精神;通过现场实训作品、作业的质量检查和调试对比,能提升学生的工业产品审美品位和审美水平;通过组建课外兴趣小组,鼓励学生参加各种比赛竞赛,能培养学生的工匠视角和工匠思维。

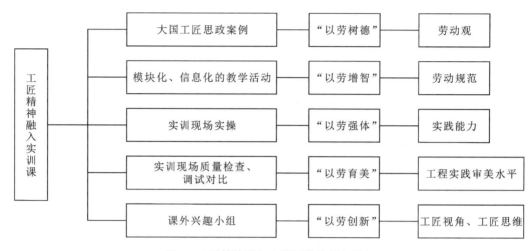

图 1　工匠精神融入实训课的途径与目标

(一)讲解工匠精神思政教育案例,"以劳树德"

在日常的教学过程中,教师可以积累相关大国工匠素材,选取有代表性的案例,结合实训内容进行案例讲解,帮助学生树立正确的劳动观。例如,对于大国工匠巩鹏的案例,教师既可以结合课程章节内容讲解他的独门绝技"巩氏研磨"和"毛发钻孔",也能解读他在平凡的岗位上甘于奉献、坚守初心的故事。如此一来,教师可以通过思政内容的讲授在实训过程中践行"三全育人"的要求,达到"以劳树德"的目的。

(二)优化教学设计,确立劳动规范,"以劳增智"

实训教学过程中,教师可以采用信息化的手段,结合视频、图片等相关信息资源进行教学,对教学内容进行模块化的设计,让学生掌握相关知识点、操作规范,养成标准化的操作习惯,达到"以劳增智"的目的。

(三)学生参与实操,"以劳强体"

学生技能和素养的形成是高职教育的主要目标之一。在实训教学中,教师有必要将企业劳动生产纪律和安全规章制度融入实训课程的教学管理。在进行实训前,学生需要按照企业车间"两穿一戴"的要求统一着装(如统一穿军训服),现场工具台或者工作台上应有相应的标示,让学生能分清工具的位置,进行定置管理。例如,图 2 中是钳工 6S 管理标准化实训工具台,这是一个标准化、可视化的工具台,既方便学生取用工具,使学生养成良好的劳动习惯,又利于现场工具的标准化、可视化管理。

另外,实训过程中,教师可以将实训场地的打扫、实训耗材的分发、实训工具的归类、实训设备的维护保养等工作作为培养学生职业素养的内容。以实训设备的维护保养为例,教师需要使学生了解设备保养的意义、保养的关键结构和零件等,让学生在完成任务的同时也学到相关知识,更有获得感。

图 2 钳工 6S 管理标准化实训工具台

(四)加强实训现场调试、质量检查,"以劳育美"

实训实操任务完成后,学生需要进行现场调试和质量检查对比,从安全、卫生、功能、质量、美观(观感质量)等方面对实操结果进行评比。这能让学生找到差距,进一步规范自己的操作,完善自己的作品,如电工接线要求横平竖直、多线并走、线色区分;钳工零件制作要满足尺寸精度、表面质量等相关要求。这些都能培养学生的工匠审美水平。

(五)组建课后竞赛培优与兴趣小组,"以劳创新"

除了日常实训教学外,学校还可以依托技能大师工作室、学生社团,或者开设相关选修课,指导学生参加相关的创业创新竞赛,为学生开展培优工作,提升学生的学习兴趣,让学生能进行反思性劳动和创造性劳动,培养学生的工匠视角、工匠思维,达到"以劳创新"的效果。

四、结束语

在将工匠精神融入实训教学的过程中,仍然还有很多工作可以开展。培养学生的工匠精神离不开学校建立的相关劳动教育管理制度、具体措施和评价体系。只有学校、家庭、社会、企业多方共同努力,才能有效推进"三全育人",培养高素质的劳动者。

参考文献

[1] 张刚.信息化技术在项目化教学中的应用研究[J].辽宁高职学报,2018(1):53-56.

[2] 方意琦.劳动教育在机械加工实训课的渗透研究[J].中国金属通报,2019(7):194,196.

[3] 田静.中职学校劳动教育现状的实证研究[J].职教通讯,2020(5):25-32.

[4] 彭枚芳.高职院校学生劳动教育"工匠精神"培养实施路径[J].湖北开放职业学院学报,2020(21):16-18.

[5] 付达杰,何先应,唐琳.劳动教育融入高职实训教学的基础、障碍与路径[J].职业技术教育,2020(29):69-72.

[6] 陈磊,王新.职业院校实训课教学中培养工匠精神的实践研究[J].内江科技,2022(6):132-133,129.

[7] 董彤.机械装配技术实训课课程思政的探索与实践[J].装备制造技术,2021(9):148-150,154.

课程思政融入大学英语课程教学的实践路径研究

吴 芸　汪雅芸

（武汉铁路职业技术学院）

摘 要

　　课程思政是全员全过程全方位育人的"大思政"格局的内在要求，是从国家意识形态的战略高度考虑的。在大学英语课程中开展思想政治教育势在必行。目前，学生对于大学英语课程思政的认识较少，中国特色英语语料输入以及英语表达输出不足，但学生对于用英语课树立中国文化自信拥有信心。因此，教师在大学英语课程教学中帮助学生牢固树立课程思政的意识尤为重要，在传授知识的同时，教师要对学生进行价值引领，最终实现课堂育人、立德树人。本文以武汉铁路职业技术学院大学英语教学为例，从人才培养方案、教学大纲、教材、教学模式和教学实践方面阐述了课程思政融入大学英语课程教学的实践路径，期望在大学英语课程中润物细无声地融入社会主义核心价值观教育，帮助学生提升用英语讲好中国故事的能力，提升中国文化自信。

关键词

　　课程思政　大学英语课程　实践路径　中国文化自信

一、引言

　　2017年12月，中共教育部党组印发《高校思想政治工作质量提升工程实施纲要》，提出要"大力推动以'课程思政'为目标的课堂教学改革"，"实现思想政治教育与知识体系教育的有机统一"。思想政治教育不仅仅局限于传统的思想政治课，而且贯穿于任何科目和课程的学习。高校的每一门课程、每一位教师在学生的思想政治教育问题上都担负着巨大的责任。《大学英语教学指南(2020版)》把大学英语课程定位为普通高等学校通识教育的一个重要组成部分,兼有工具性和人文性。学生不仅需要掌握语言知识,利用良好的听说读写译等技能胜任不同外语场合的不同需求,而且需要具有良好的人文素养和正确的价值取向,向世界传递中国声音,讲好中国故事。

大学英语作为高校通识类必修课,所占课时多,学生覆盖面广,时间跨度大,授课方式灵活,教材内容符合思想教育的原则。因此,教师在大学英语教学中要融入思想政治教育,使英语课程与思政课程同向同行,这能有效地发挥英语课程的协同效应,实现全过程育人、全方位育人。

二、课程思政融入大学英语课程教学的实践路径

(一)在人才培养方案中融入课程思政

大学英语课程全面贯彻党的教育方针,落实立德树人根本任务,以中等职业学校和普通高中的英语课程为基础,与本科教育阶段的英语课程相衔接,旨在培养学生学习英语和应用英语的能力,为学生未来继续学习和终身发展奠定良好的英语基础。该课程采用教材学习和课外补充材料(包括听说材料、文化阅读材料)与听说读写实践相结合、精讲与听说读写训练相结合、精讲与完成项目或任务相结合的方式进行,进一步激发学生的英语学习兴趣,提升学生的听说读写等语言技能,实现学生对职业相关话题的有效沟通与交际。

在大学英语教学中,教师要挖掘学生身边与他们的生活、学习、专业紧密相关的主题和英语学习素材,将其融合到英语教学中,突出课程思政,注重培养学生的思想政治素养、学习创新素养、职业发展综合素养,帮助学生自觉践行社会主义核心价值观,成为德智体美劳全面发展的高素质劳动者和技术技能型人才。同时,教师需要充分利用资源,了解与学校优势专业相关的企业信息,包括铁路局、地铁集团等,积极开展与企业的合作联动,充分了解企业对毕业生的需求,熟悉企业相关岗位要求,及时将企业信息和技术的更新融入英语教学实际,使学生所学内容与工作岗位需求有机衔接。

(二)在教学大纲中落实课程思政

大学英语课程分为大学英语Ⅰ和大学英语Ⅱ,分别在大学一年级的第一学期和第二学期开设。课程都由基础模块构成。基础模块为职场通用英语,是学校全体学生必修的内容,学生使用的教材是《新标准高职通用英语》。该教材涉及职业与个人、职业与社会、职业与环境等三大主题类别中与学生日常生活和未来就业息息相关的八大专题,旨在培

养学生进行涉外沟通、多元文化交流的能力,同时能提升学生的语言和思维水平,达成相应的课程目标。

大学英语课程总学时为 68 个,其中教材单元共 60 学时,课程介绍、学期总结、扩展活动共 8 学时。教材单元学时安排如表 1 所示。

表 1 大学英语教材单元学时安排

序号	项目内容		学时	合计
	话题	主题		
1	历史文化	二十四节气	6	
2	国情社情	百年京张	6	
3	职业选择	技工也有春天	6	
4	职业发展	快递小哥的职场逆袭	6	
5	职业道德	村医的坚守	6	60
6	产品质量	华为的成功秘诀	6	
7	志愿活动	冬奥会志愿服务故事	6	
8	国家认同	走进太空	6	
9	国际理解	古今丝路	6	
10	绿色发展	生态旅游	6	

(三)在教学设计中深化课程思政

大学英语课程依托"话题",立足"主题",围绕"两线",即"知识技能线"和"课程思政线"展开。Warm up 部分通过音频、视频,用话题讨论的形式导入新课,激发学生的学习兴趣,使学生初步了解主题内容,初识课程思政内容;Vocabulary Focus 部分通过词与图的匹配、词义连线等任务让学生熟悉主题词汇;Read and Share 部分选取体裁丰富的语篇载体,汇聚东西方优秀文化内容,提高学生的语篇理解和思辨能力;Beyond the Text 部分拓展与主题相关的阅读,培养学生的国际视野,锤炼学生的思维品质,引导学生加深对中华文化的理解和认同;Listening and Speaking 部分有与主题相关的综合职场实践活动,加深学生对职业理念、责任和使命的认识与理解;Writing 部分创设与主题相关的职场情境写作任务,锻炼学生的创新思维能力,促使学生有效完成职场情境的表达和沟通任务;Wisdom Words 部分提供与主题相关的名言警句,强化课程思政教育目标。

(四)在教学模式中实施课程思政

在大学英语课程的教学中,教师可以使用互动合作学习法、角色扮演法、头脑风暴法等,充分发挥师生在教学中的主动性和创造性,引导学生认识到学好英语的重要性,了解他们在高职阶段学习英语的作用;通过教师的精讲和引导,学生能按照英语课程的进程开展学习,积极参与各种课堂活动,提升对自我、职业和英语学习的认识。

合作学习能使学生在小组中开展学习活动,让学生真正成为学习的主人。小组分工、小组竞赛、小组调查、切块拼接、共同学习等形式能提升学生的合作意识、责任意识以及沟通技巧。角色扮演法能使学生通过不同角色的扮演,体验角色的心理活动,同时体验对方角色的心理活动,从而充分理解现实社会中各种角色的"为"和"位",提升交际能力与语言能力。教师运用头脑风暴法引导学生就某一话题或现象自由发表意见。这种集思广益的思维过程以及各抒己见的语言锻炼能提升学生的思维能力与表达水平。

(五)在教学实践中强化课程思政

以主题二十四节气为例,教学活动按"课前—课中—课后"三个步骤实施。教师课前在智慧职教平台发布三个学习任务。

任务 1:二十四节气指的是什么?课文怎么说?

任务 2:你了解哪些节气的含义?

任务 3:结合课文,谈谈如何理解二十四节气在人类非物质文化遗产中的地位。

三个学习任务层层递进,能引导学生思考二十四节气蕴含的文化内涵,增强文化自豪感。

在课中,即进行新课教学时,教师首先发布任务,要求学生根据视频介绍和课前资料,正确识别二十四节气,学生快读课文,知晓不同节气的由来和含义,同时学生开展小组讨论,描述图片中的节气特征。在此过程中,学生能感知中华历史文化的魅力,形成小组合作探究意识。接着,教师发布分组课文阅读任务,要求学生在组内进行信息交互,快速获取课文关键信息,随后小组成员合作,借助问题找出课文中描述的节气故事,并完成相关练习。这些能使学生进一步了解节气背后的传统文化故事,增强文化底蕴。最后,学生进行组内讨论,结合课堂所学知识开展合作探究,思考如何更好地向外国友人介绍中国传统的二十四节气。学生按照要求,结合前期准备的材料,按照自己的喜好选取一个节气进行写作,完成不少于 60 个单词的短文写作。短文写作任务能引导学生积极探究,广泛阅读相关材料,也能锻炼学生的写作能力。

教师通过智慧职教平台发布课后拓展任务,学生搜集整理关于二十四节气的古诗词,将结果上传至智慧职教平台或 QQ 群进行分享。在这一过程中,学生能巩固所学知识,形成自主学习意识和合作学习意识,进一步感受传统文化的魅力。

三、结束语

课程思政建设要在课堂教学中真正落地落实,每一位教师都责任重大。思政教育与大学英语课程的有机结合,可以引导学生将人生观、价值观、世界观及道德观等与英语语言学习有机结合,提升大学生的政治认同、价值认同和文化自信。

参考文献

[1] 张新蕾.广西独立学院课程思政体系的构建——"课程思政"价值研究报告[J].农村经济与科技,2019(6):295-296.

[2] 王卉.基于泛在学习环境的大学英语课程思政融入路径探究[J].教育教学论坛,2019(1):54-55.

[3] 杨涵.从"思政课程"到"课程思政"——论上海高校思想政治理论课改革的切入点[J].扬州大学学报(高教研究版),2018(2):98-104.

思政教育融入铁道通信与信息化技术专业的实践探索

匡 红

（武汉铁路职业技术学院）

摘 要

　　党的二十大精神是推进一切工作的行动指南,也是教育与塑造大学生的思想武器。课程思政是贯彻落实党的二十大精神,推进党的二十大精神入脑、入心、入行的有效渠道。把党的二十大精神全面融入思政教育,把思想政治工作贯穿教育教学全过程,实现全程育人、全方位育人、全过程育人,引导大学生确立坚定的理想信念,树立科学的价值理念,建立正确的道德观念,努力做共产主义远大理想和中国特色社会主义共同理想的坚定信仰者和忠实实践者。本文以党的二十大精神为指引,以铁道通信与信息化技术专业为例,立足专业视角,对蕴含在专业中的人文素养、科学素养和职业素养进行有效提炼,探讨将课程思政融入专业的有效路径,促进专业课程与思政课程的同向同行。

关键词

　　党的二十大精神　铁道通信与信息化技术专业　课程思政　专业课程

一、引言

　　习近平总书记在党的二十大报告中指出了新时代中国共产党人的使命任务,系统阐述了马克思主义中国化时代化取得的重大理论创新成果,而课程思政正是落实党的二十大精神,推进党的二十大精神在中国青年中入脑、入心、入行的有效渠道。2014年9月,习近平总书记在同北京师范大学师生代表座谈时发表讲话,指出老师是学生道德修养的镜子,好老师应该取法乎上、见贤思齐,不断提高道德修养,提升人格品质,并把正确的道德观传授给学生。2020年5月,教育部印发《高等学校课程思政建设指导纲要》,明确要求构建课程思政工作体系、教学体系、内容体系,将全面推进课程思政建设作为落实立德树人根本任务的战略举措,指出工学类专业课程要注重强化学生工程伦理教育,实现"科技武装头脑,人文滋养心灵"。2022年4月20日,第十三届全国人民代表大会常务委员会第三十四次会议修订通过了《中华人民共和国职业教育法》,立德树人、德技并修是新法对职业教育人才培养提出的目标要求。

因此,实现如盐化水、润物无声的育人效果是专业课程思政建设的重要研究内容。

二、铁道通信与信息化技术专业课程思政现状与问题

中国铁路在路网规模和质量、技术装备和创新能力、运输安全和经营水平方面都处于世界领先地位,中国铁路未来的发展需要更多的高素质技术技能型人才,这对铁道通信与信息化技术专业人才培养质量提出了更高的要求。2015年,"中国制造2025"战略发布,铁道通信与信息化技术专业课程已经成为该战略的技术保障课程。该课程具有理论繁杂、实操占比大、技术难度大等特点,涉及通信技术、物联网等多个科目的知识,具有鲜明的系统性和理论性等特点。作为课程载体,铁道通信与信息化技术专业非常适合开展思政教育。

高职铁道通信与信息化技术专业人才培养目标明确,即培养能够从事铁路通信系统维护、设备安装、调试和故障排除、通信工程施工组织和管理等工作,具有"四个自信"的德智体美劳全面发展的中国特色社会主义优秀劳动者和可靠接班人。这是对我国高职铁道通信与信息化技术专业在新发展阶段"如何培养人、培养什么人和为谁培养人"的整体回答,也是在新发展阶段坚持立德树人、建设教育强国的具体举措。

根据高职铁道通信与信息化技术专业的培养目标,课程思政的融入除了要注重强化对学生的工程伦理教育,培养学生精益求精的工匠精神,还要注重安全教育、劳动教育等个性元素。目前各大高校也非常重视将思政融入专业课的建设,获得了显著的成果,但其中依然存在不少问题。

(一)思政融入点僵化

专业课教师具有专业知识和技能技术,但是在教学活动中,一些教师只是简单地对学生进行思政教育,并没有深入挖掘课程内容与某思政元素的最佳结合点,导致思政融入点僵化,思政教育效果自然也不理想。

(二)不同课程之间的思政教育缺乏联系

铁道通信与信息化技术专业课程一般包括专业基础课程、专业核心课程、专业拓展课程,还包括有关实践性教学环节。学校可自主确定课程名称,但应包括以下主要教学内容。专业基础课程一般包括铁道概论、电工基础、电子技术、通信原理、数据库基础、通信与计算机网络等。专业核心课程一般包括通信线路维护、光传输设备维护、数据通信系统维护、铁路移动通信系统维护、车载无线通信设备维护、铁路专用通信设备维护等。专业拓展课程一般包括现代交换技术、通信电源、接入网技术、铁路信息化系统、铁路信号基础知识、铁路技术规章基础知识、铁路安全教育、通信工程与概预算、移动网络优化和规划等。需要指出的是,专业基础课程、专业核心课程、专业拓展课程是相互联系的,但是在思政教育中,一些教师忽视了不同课程之间的联系,导致思政教育是碎片化的,没有形成不同课程协同协作的统一体系。

(三)激励考核指标不明确

高校的考核评估制度不完善,缺少对课程思政育人效果的考核和激励。这导致一些教师在将专业知识和思政元素结合起来的时候忽视了思政元素的时效性,还有一些教师基本都把精力和时间放在知识的讲授和技能的传授上,这些都不利于提升思政教育的效果。

三、铁道通信与信息化技术专业课程思政的设计与建设

铁道通信与信息化技术专业的课程思政元素的挖掘应该以专业课程中的关键科学技术为主,旨在引导大学生确立坚定的理想信念,树立科学的价值理念,建立正确的道德观念(见图1)。

针对铁道通信与信息化技术专业不同的专业基础课程、专业核心课程、专业拓展课程,教师在思政教育中需要有针对性地梳理思政脉络和思政点,确定思政教育载体,挖掘视频、图片等思政教育资源;改进教学方法,探索将学科愿景、专业远景、就业前景与新时代的伟大变革相结合的方式方法;将科技伦理、学术规范和道德伦理等德行元素融入各课程教学的全过程、各环节,引导学生认清个人言行与道德责任的关系,帮助他们明辨是非,坚定正确的价值导向。图2中以部分专业基础课程、专业核心课程、专业拓展课程为例,阐述如何将课程内容与思政教育元素有机结合,提升思政教育的效果。

确立坚定的理想信念
努力做共产主义远大理想和中国特色社会主义共同理想的坚定的信仰者和忠实的实践者。

树立科学的价值理念
坚持人民至上、坚持自信自立、坚持守正创新、坚持问题导向、坚持系统观念、坚持胸怀天下。

建立正确的道德观念
弘扬以伟大建党精神为源头的中国共产党人精神谱系，深入开展社会主义核心价值观宣传教育。

图 1　思政设计目标

四、铁道通信与信息化技术专业课程思政的形式与方法

(一)活用信息化技术手段，打造思政课程新生态

武汉铁路职业技术学院围绕思政课程立德树人、铸魂育人的任务，构建了适合学生的学习平台，实现线上线下联动，利用新技术，增强课程的时代感和吸引力，让专业课中思政教育的展现形式更具有亲和力。学校在微信上拥有"速度中国"公众号，里面涵盖了和中国发展、铁道通信与信息化技术专业相关的热点话题，如"从通信志愿服务看中国青年的责任担当""从接触网的不断延伸看中国铁路的绿色发展""从孤立设备到万物互联看物联网的飞速发展"等。相关内容时效性强，丰富生动，涵盖了高速铁路通信相关岗位的职业道德标准，蕴含工匠精神、智慧中国等思政元素。

(二)强化职业劳动习惯养成，打造特色劳模班

铁道通信与信息化技术专业以"三年三阶段"工学交替模式为主要载体，构建劳动教育体系(见图 3)。学校通过制订劳动教育课程标准，增设劳动素质概论、劳动教育基础、铁路工匠导读等劳动课程，建成了完备的劳动教育内容体系。学校积极发展劳模工匠进校园活动，如聘请铁路劳模、铁路工匠熊丰来校担任导师，开办特色劳模班。学校还强化

确立坚定的理想信念	专业核心课程"网络布线"知识点：网络地址与网络互联 中国的IPv6地址数量世界排名第一，激发学生的民族自豪感。	
	专业核心课程"数据通信"知识点：局域网组网技术 理解"构建网络空间命运共同体"的理念，通过网络互联为全球互联网发展贡献中国智慧、中国方案。	学科愿景，专业远景，就业前景
	专业拓展课程"网络安全"知识点：VPN技术 通过网络安全VPN虚拟链路原理的讲解、实例的演示、攻防的对抗解析、安全法律法规的学习，让学生能够了解什么是网络安全，并懂得要永远守住安全的底线。	
	专业核心课程"铁路专用通信"知识点：交换技术 随着网络规模不断扩大，用户对骨干链路的带宽和可靠性提出了越来越高的要求。在传统技术中，常用更换高速率的接口板或更换支持高速率接口板的设备的方式来增加带宽，但这种方案需要付出高额的费用，而且不够灵活。教师引导学生在设计网络方案时候，坚持节能、环保、可持续发展的理念。	
树立科学的价值理念	专业基础课程"现代交换技术"知识点：子网划分 靠技术吃饭，永不落伍；靠创新吃饭，永立潮头。 分析IP地址的子网划分方法，用借位的思维方法讲解具体划分步骤，同时引导学生从其他角度去划分子网，要有创新思维，善于从多角度考虑问题。	
	专业基础课程"计算机网络"知识点：VLAN技术 网格化治理的作用越来越明显，教师可以引导学生理解社会治理的新趋势，培养担当精神。	科技伦理、学术规范、道德伦理
	专业核心课程"通信电源"知识点：通信机房设备认知 学习机房维护要求，培养学生的机房安全意识；通过操作机房相关设备，培养学生的安全责任意识；通过对业务开通数据设置，强化学生的电信安全法制意识。	
	专业核心课程"网络布线"知识点：线管和导线槽布线 通过本校闫光辉同学的网络布线比赛精神，诠释工匠精神的"专"；通过本专业就业单位通号工程局集团"一人不伤，一事不出，一点不延，一线不错"的施工目标，强调工匠精神的"严"；通过说道中国电信劳模工匠邓艳梅的故事，为平凡岗位注入不平凡的工匠精神，突出工匠精神的"精"。	
建立正确的道德观念	专业基础课程"计算机网络"知识点：静态路由 通过路由器转发数据行为的特点，引导学生做人讲原则，做事讲规矩，培养学生讲原则、明事理、懂情理的精神。	
	专业核心课程"铁道专用通信"知识点：网络设备互联 通过讲解动态路由OSPF的邻居关系的建立，引导学生了解团队合作、互助配合的重要性。	践行社会主义核心价值观
	专业拓展课程"CAD工程制图"知识点：标尺的功能和使用方法 通过讲解铁路工程制图的意义，引导学生强化责任担当，积极主动作为，培养学生认真严谨、诚实守信、遵纪守法的职业素养。	

图 2　铁道通信与信息化技术专业的课程思政设计

职业劳动者习惯养成,推行武汉铁路职业技术学院实训室、教室、寝室等教学、生活环境6S管理模式,依托湖北轨道交通职业教育集团,邀请相关单位到学校建设劳动教育实践基地。

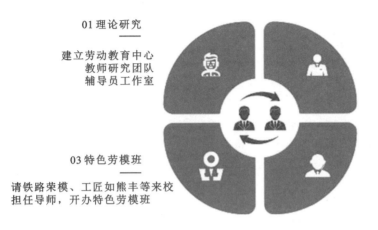

图3 "三年三阶段"劳动教育体系

(三)加强高速铁路安全意识培养,提高职业素养

高速铁路对促进我国社会经济发展、方便人民群众出行起到了积极作用。高速铁路列车运行速度快、密度大,因此我们必须保证高速铁路和客运列车的绝对安全。这里的"安全"包括劳动安全、电气化作业安全和施工安全三个方面。

武汉铁路职业技术学院通过分析高速铁路通信岗位从业人员基本素质要求以及相关法律法规的要求,结合铁道通信与信息化技术专业实际情况,设置情境,将高处作业安全、有限(密闭)空间作业安全以及劳动安全防护措施等基本安全知识融入学生的实践课程。

我国干线电气化铁路均采用工频单相交流制,架设在铁路线路上空的接触网带有25kV的高压电,接触网附近也存在高压电,这对安全生产提出了更高的要求,从业人员的劳动安全教育至关重要。一些学生在电气化作业方面存在畏惧心理。武汉铁路职业技术学院通过岗位介绍、案例引导和仿真实操"三步走"教学策略,化解了学生的畏难心理。铁路各类施工必须把确保行车安全放在首要位置,坚持"安全第一、预防为主、综合治理"的方针,对影响行车和施工安全的每个环节都必须强化安全管理。

(四)建立课程思政评价标准,优化教育教学体系

武汉铁路职业技术学院通过采集学生思政培养质量数据,检验课程思政建设效果,优化课程思政教育教学体系;将铁道通信与信息化技术行业职业伦理需求与学生的品格养成和课程思政评价标准相融合,增加学生的安全意识、应急意识、信息素养、合作意识、服务意识、创新意识评价比重,引导学生严守工作标准,具有责任担当,内化职业精神,激发学生学习专业知识的内驱力。

五、结束语

铁道通信与信息化技术专业的思政教育探索和实践重点关注专业的总体目标和各门课程之间的联系,围绕其核心的价值知识,聚焦技术和安全两条主线,形成了具有专业个性的思政建设设计方案,适应了新时代职业教育发展的要求。本文以党的二十大精神为指引,紧紧围绕武汉铁路职业技术学院"立足铁路、服务湖北、面向社会"的办学定位,聚焦服务湖北省"十四五"规划的技术技能型人才培养需求,面向湖北运营商、铁路通信和通信工程技术人员等职业群,挖掘铁道通信与信息化技术专业课程的共性目标,系统构建高职院校课程思政和铁道通信与信息化技术专业教学融合系统,促进系统内部各子系统或要素之间协调发展,实现课程思政与专业教学的有机融合。

参考文献

[1] 蒲清平,黄媛媛.党的二十大精神融入课程思政的价值意蕴与实践路径[J/OL].[2023-02-02]. http://kns.cnki.net/kcms/detail/50.1023.C.20221024.1328.002.html.

[2] 张晓瀛,马东堂,魏急波,等.通信专业课程思政素材体系构建与案例建设研究[J].工业和信息化教育,2022(9):48-52.

[3] 周芸.新时代爱国主义教育融入高校思政课研究[J].现代商贸工业,2022(10):134-135.

[4] 章曙光,孙巧云,袁碧贤,等.计算机网络基础课程思政教学改革探索与实践[J].高教学刊,2022(3):127-129,133.

[5] 张跃进,展爱云,李东风,等.课程思政视角下专业课程"五位一体"教学改革探索与实践[J].创新创业理论研究与实践,2021(15):33-35.

[6] 教育部关于印发《高等学校课程思政建设指导纲要》的通知[EB/OL].[2020-06-01]. http://www.moe.gov.cn/srcsite/A08/s7056/202006/t20200603_462437.html.

[7] 教育部等九部门关于印发《职业教育提质培优行动计划(2020—2023年)》的通知[EB/OL].[2020-09-16].https://www.gov.cn/zhengce/zhengceku/2020-09/29/content_5548106.htm.

高职电子实训课程考核模式的研究与思考

刘卓超

(武汉铁路职业技术学院)

摘　要

目前,实训类课程在高等职业教育课程体系中占比很重,其特点是结合理论课程讲授的部分知识,培养学生的动手实践技能,该教学环节是对学生将理论应用于实践的综合能力的考验和测评。在课程考核方面,不同于理论课程以试卷试题的形式来进行考核,实训类课程更强调学生实际的表现,包括课堂表现、作业完成情况、产品制作情况等,所以相对而言其考核模式和方法更加灵活。随着高等职业教育的不断发展,实训类课程的考核模式和方法也应当与时俱进,体现新的教育模式下的创新性。本文以高职电子实训课程为例,就当前实训课程考核模式的改革和研究进行思考,并提出建议。

关键词

实训课程　课程考核　考核模式

一、引言

高职电子实训课程一般按照课程标准安排在学生完成相关理论课学习后的学期进行,如一般电气工程、电子信息类等专业均在学生完成理论课程学习后再开设模拟电子实训、数字电子实训、电子技术实训、电工实训等实践教学课程。在实训课程的传统教学思路中,教师一般会引导学生回顾理论课程中的部分重点内容,并对实践教学环节需要用到的部分理论知识进行复习和提炼。

在实训教学的过程中，理论知识的讲授和实践环节是可以适时进行有机融合的。以电子实训为例，在讲解常用的电子元器件的识别和测量章节时，教师可以先引导学生在理论部分对电阻、电容、二极管、三极管等常用元器件的基本结构和原理进行回顾，然后再直接将各类元器件分组下发，并要求学生对照实物进行标称数值的记录和测量。这样的方式可以放慢教学节奏，更加有利于学生接受。在讲解音箱产品制作的章节时，教师应先从理论角度归纳传统电子产品设计制作的基本流程和步骤，然后针对2822型号功放芯片的特点和传统音箱的设计对学生进行启发，在讲授中结合元器件的基本功能来分析总电路设计基本原理并从中总结一般电路设计的基本方法和技巧。在实践环节的讲授中，教师按照课程标准和教案的内容对电子焊接操作要点进行讲解是实训课的重点。在讲解中，教师除了展示课件和视频演示外，还应该注重对于学生的单独指导，训练学生动手操作的基本功，并针对缺陷焊点及时进行指正。

在实训课程的教学中，每个教师的侧重点和思路有所不同，因此在设计期末考核方案时，教师可以结合各自的教学特点来进行规划。

二、结合实训课程特点的考核模式研究

实训课程在教学模式和方法上与理论课程有一定区别，由于实训课程不是单纯的以考试成绩作为考核依据，所以在课程考核方面，教师可以参考更多方面的因素。这些因素大体包含课堂考勤、6S管理、学习记录、网络平台学习时长、实训项目实操评分、实训报告完成情况等。其中，在课堂考勤方面，考虑到实训课程的时间一般为1周（周一至周五），而每天内容又不同，所以教师可以在课堂考勤中融入6S管理的评分方法，对应的格式如表1所示。

表1 结合6S管理的实训考勤格式

姓名	周一	6S管理评分	周二	6S管理评分	周三	6S管理评分	周四	6S管理评分	周五	6S管理评分
张三	√	A+	√	A	√	B+	√	A+	○	C+
李四	√	A	√	A	√	A−	√	B	√	B
王五	√	B+	√	C	○	A	√	A−	√	A

在考勤记录中，教师需要及时记录每个学生在6S管理中的基本情况，包含工具清理、卫生清洁、场地打扫、安全意识、素养、团队协作等。

在考核权重设计方面，教师可以针对实训周多个项目的特点，结合不同的教学侧重点，为每个考核指标设置不同的权重。总体而言，教师应该更加基于过程方式来进行考核评价，而不应依照传统的以单个项目进行评判。

图 1 中为传统的实训考核流程与基于过程的考核流程的对比。在这两种考核流程中,在学生完成相同的项目任务时,基于过程的考核流程可以为学生打好基础,明显更加有利于学生做好后面的实训任务。比如,在制作常规电子产品的过程中,学生必须按照"元器件识别和测量—单点焊接—产品组装调试"的流程来操作,所以基于过程的考核流程就显得合理且必要。

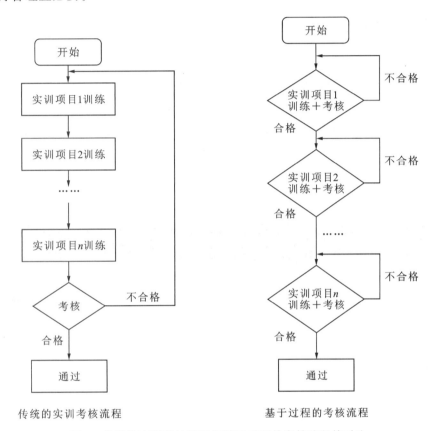

传统的实训考核流程　　　　　　基于过程的考核流程

图 1　传统的实训考核流程与基于过程的考核流程的对比

在多个实训项目的考核过程中,教师可以灵活地结合各实训项目的内在联系来设置它们的不同比重。比如,在电子实训中,学生一般都是先练习 PCB 板单点焊接,然后再进行产品制作,有的学生可能在 PCB 板单点焊接中表现不太好,但是在后面的音箱产品制作中完成得很好,不仅能够实现音箱基本功能,而且做得比较快,效率高,那么,在总成绩的评判上,教师就可以适当增加产品制作的比重。

基于过程的考核流程一般由训练项目和考核项目模块组成,此流程是否能够有效运行,关键在于每个训练项目和考核项目模块的设计是否合理和能否有效实施。基于过程的实训项目的考核流程一般可以这样设计:首先,由实训指导教师进行现场示教,教师边讲解边示范,增强教学演示效果;其次,学生进行训练,边操作边陈述,强化记忆和操作的规范;然后,学生对照操作规范进行掌握性训练,达到熟练掌握的程度;最后,教师对学生进行考核,学生边操作边陈述,教师对每一个操作步骤进行评价计分,考核完成后,立即以计分卡的形式反馈给学生,让学生根据计分卡及时获知自己的训练效果。考核不合格的学生可以再次训练和考核,直到合格为止。凡参加重复训练并最终考核合格的学生,该项目均以及格分数计分。这样的考核设计一方面可以提高学生学习的积极性,另一方面可使训练过程更有竞争性。

三、结合信息化网络教学的实训考核模式

当前,随着网络平台的发展,实训课程的教学过程也越来越多地融入了信息化因素。在对实训课程的在线教学部分进行考核时,教师可以根据需要为不同的项目设置不同的权重。一般情况下,考核权重会在远程教学平台中通过具体参数来进行呈现。以职教云平台为例,考核包含课件学习、课堂活动、作业和考试四个部分,任课教师可以根据需要来设计不同项目的占比。图2中是某教师为模拟电子实训课程设计的项目考核权重,其中,课件学习、课堂活动、作业和考试分别占比25%。

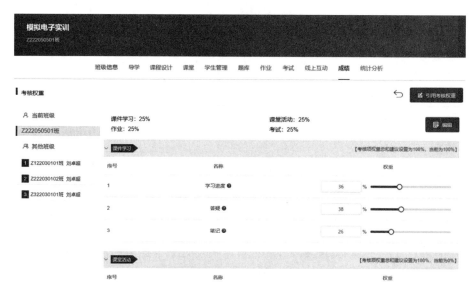

图 2 模拟电子实训课程的考核参数

四、基于多指标的实训课程考核方案设计

在为实训课程做出教学安排之前,教师一般按照教学实施流程对课程考核方案做出设计和规划。在设计考核方案的过程中,教师需要考虑多个指标。教师可以参照表2设计考核形式,参照表3设计评价要素及成绩权重。

表 2 考核形式

考核类型	考试课程 ☐　考查课程 ☑	考核时间	一周
过程性考核形式	学生出勤 ☑　　　　　平时作业 ☐ 阶段性测验 ☐　　　综合性作业 ☐ 学习笔记 ☐　　　　课堂表现 ☑ 团队作业 ☐　　　　教学实践活动 ☑ 其他（　）☐		
终结性考核方式	笔试（闭卷）☐　　笔试（开卷）☐　　口试 ☐ 机试（网络）☐　　论文 ☐　　　　社会调查 ☐ 设计制作 ☐　　　　技能操作 ☑　　其他（　　）☐		

表 3 评价要素及成绩权重

评价要素		考核组织形式	权重（%）	评价标准
过程性考核	职业素养	每次上课点名，进行日常考勤	10	旷课一次扣 2 分，无故旷课 33 次以上取消成绩
	职业素养	每天课程结束后，对每个学生所负责的工位进行 6S 管理情况检查	20	未达到 6S 管理要求，每次扣 2 分，扣完为止
	作业	完成课后作业	20	根据作业完成情况及作业正确率评分
终结性考核	课程任务	仪表使用、电子焊接练习、电子产品设计制作完成情况	50	根据焊点、实现功能等任务完成情况综合评分
		小计	100	

五、对于考核量化结果的分析与思考

学生考核成绩一般采用通用的五级制，即优（90～100 分）、良（80～89 分）、中（70～79 分）、及格（60～69 分）、不及格（低于 60 分），有时也用 A、B、C、D、E 等级。

教师可以用正态分布的曲线来呈现班级学生的课程考核结果。正态分布也称常态分布，又名高斯分布，最早是由法国数学家棣莫弗（Abraham De Moivre）在求二项分布的渐近公式中得到的。德国数学家 C. F. 高斯（Johann Carl Friedrich Gauss）在研究测量误差时从另一个角度导出了它。正态分布是一个在数学、物理及工程等领域都非常重要的概率分布,在统计学的许多方面有着重大影响力。正态曲线呈钟形,两头低,中间高,左右对称,因其曲线呈钟形,人们又经常将其称为钟形曲线。

六、结束语

在实训课程的考核中,由于最终成绩涉及多个指标,教师经常采用基于过程的考核方式,对不同的考核项目进行加权计算。不同于理论课程通过卷面考试测试学生的知识掌握情况,实训课程的考核在某种程度上显得更加主观。总体而言,教师应该按照课程考核方案来对学生进行客观公正的评判,这样才能够有效激发学生的学习兴趣,能够将不同层次和表现的学生进行合理的区分,方便教师开展有针对性的教学。

参考文献

[1] 张季谦,黄守芳,许新胜,等.高校课程线上教学质量评价与监控体系的构建[J].中国教育信息化,2020(19):32-36.

[2] 韩晓乐.关于教学方法与高校课程考核方式改革的思考[J].山东化工,2020(17):151-152.

[3] 赵越.高校教育教学质量管理的关键要素及创新思路[J].学园,2020(24):69-70.

[4] 李春波.教学质量评估体系运行的制度保障探究[J].黑龙江教育(高教研究与评估),2020(9):53-54.

[5] 陈于华.改革考核制度提升高校思政课教学效果研究[J].成才之路,2020(12):10-11.

城轨机电 AFC 虚拟仿真实训室建设研究

汪 鑫

（武汉铁路职业技术学院）

摘 要

依据城轨机电专业人才培养方案，实训室是培养轨道交通高等职业技术人才必备的基础条件，在理论实践一体化模式下，实训室的建设与改造成为高职课程改革的重要环节。传统的硬件设备实训室投入资金大，维修升级困难，无法满足所有学生的实训需求。为了解决这一问题，本文从虚拟仿真实训室入手，以城轨机电 AFC 虚拟仿真实训室建设为例，详细介绍了实训系统的组成模块，以及如何实现检修技能的训练，以期为高职院校城轨交通相关的虚拟仿真实训基地的建设提供有价值的参考。

关键词

虚拟仿真 城轨机电 实训室建设

一、引言

虚拟仿真技术又名虚拟现实或虚拟环境技术，是近年发展起来的一种科学技术。随着信息技术的发展，建设虚拟仿真实训基地成为职业教育改革传统教学育人手段，推进人才培养模式创新的迫切需要。《教育部关于开展国家虚拟仿真实验教学项目建设工作的通知》明确指出，为适应信息化条件下知识获取方式和传授方式、教和学关系等发生革命性变化的要求，写好教育"奋进之笔"，促进信息技术与教育教学深度融合，各学校要开展国家虚拟仿真实验教学项目建设工作。

二、虚拟仿真实训室简介

美国早在 20 世纪 90 年代就提出了建设虚拟实验室的想法。纽约州立大学率先使用多媒体技术开发了交互式的青蛙解剖虚拟仿真实验系统,开启了虚拟仿真技术与实操相结合的新纪元。后来,虚拟仿真技术被广泛应用在医学、工程学等学科领域的教学中。我国的虚拟仿真实验教学近些年也迎来了爆发式增长,尤其是 2020 年之后,线上教学的兴起将虚拟仿真技术推向了一个新高度。

职业教育的发展离不开实训场地的助力。对于职业院校来说,专业的实训基地是教学过程中必不可少的一环。传统的实训室在建设过程中,往往存在经费不足、建设周期长等问题,无法满足学生技能培养的需求。随着虚拟仿真技术的发展,虚拟仿真实训室可以为职校学生提供虚拟交互设备,让学生全面进行训练,提高动手能力,解决传统实训室高投入、高耗材、难管理、难实操、难再现、难升级、难在线、难售后等痛点。

三、城轨机电 AFC 虚拟仿真实训室的建设

AFC 检修是城轨机电专业的核心课程,对学生的实际操作能力要求较高。AFC 英文为 Automatic Fare Collection,意为自动售检票系统。在传统的 AFC 检修实训室建设中,自动售检票硬件装置占地面积大,价格较贵,场地及预算问题导致学校无法引进大批量的硬件实训装置,学生很难分多个小组同时进行实验实训。另外,自动售检票系统装置精细度高,学生在实训过程中很难进行大面积的拆装学习,拆卸后组装难度大,造成的设备损耗严重,也会大幅增加实训室设备维护费用。学生在操作不当的情况下很容易造成装置损坏,装置损坏后,厂商的售后服务很难及时到位,影响整体教学质量。加上现有轨道交通设备的更新速度较快,传统的实训设备的升级改造与后期拓展就比较困难,设备的更新速度赶不上技术发展速度,设备很难迭代。基于这一现状,建设 AFC 虚拟仿真实训室尤为必要。

(一)仿真软件简介

AFC 虚拟仿真实训教学软件以 Unity3d 为引擎,按照真实轨道交通站厅构建虚拟 3D 场景,学生采用三维漫游模式以第一人称视角在场景内进行学习。软件开发以地铁车站三大设备(自动售票机、自动检票机、半自动售票机)为蓝本,并搭载考核管理系统,

提供学生端、教学端、管理员端功能,方便教师对学生进行学习监督、考核管理、教学评价等。图1是AFC虚拟仿真实训教学软件界面。

图1　AFC虚拟仿真实训教学软件界面

软件由七大系统组成:自动售票机基础认知仿真系统、自动售票机正常操作互动仿真系统、自动售票机故障操作互动仿真系统、自动检票机基础认知仿真系统、自动检票机正常操作互动仿真系统、自动检票机故障操作互动仿真系统和半自动售票机正常操作互动仿真系统。软件分为基础认知、正常操作、深度维修三个层次,这三个层次也是三个学习阶段。每个层次的任务都有教学模式、练习模式、考核模式,实现多维度教学。

(二)仿真软件主要功能介绍

1.自动检票机认知仿真培训

利用该功能,AFC虚拟仿真实训教学软件可以模拟市场上主流自动检票机的外形和面板显示等,模拟自动检票机内部各部分零部件的组成结构,供学生拆解组装。软件里有每个零部件的详细技术规格教学,有自动检票机内部电气结构和电气原理的讲解,有自动检票机内部各硬件设备之间的硬件接口功能教学,可模拟自动检票机的各类功能。另外,该软件包含结构认知、进站工作原理认知、出站工作原理认知、传感器工作原理认知、回收结构工作原理认知、自动检票机整体介绍等三维动画,并且所有设备模块都有详细的技术规格教学。图2为自动检票机基础认知模块界面。

2.售票机认知仿真培训

AFC虚拟仿真实训教学软件模拟市场上主流售票机的外形和操作面板显示等,模拟售票机内部各部分零部件的组成结构,供学生拆解组装。软件里还有每个零部件的详

图 2 自动检票机基础认知模块界面

细技术规格教学,有售票机内部电气结构和电气原理的讲解,有售票机内部各硬件设备之间的硬件接口功能教学,可模拟售票机的各类功能。另外,该软件包含结构认知、纸币处理模块原理认知、硬币处理模块原理认知、自动售票机整体介绍等三维动画,包括主控单元、单程票发送模块、乘客操作显示器、智能卡读写器、运营状态显示器、硬币处理模块、电源供应模块、纸币回收模块、打印机、蜂鸣器、维修面板、AC 配电模块、I/O 连接板、风扇。图 3 为自动售票机基础认知模块界面。

图 3 自动售票机基础认知模块界面

3. 自动售票机故障操作互动仿真

该功能包含主控单元故障导致设备死机故障处理、单程票模块内电磁铁短路故障导致卡票故障处理、硬币鉴币器卡币故障处理、自动售票机卡纸币故障处理、维护面板黑屏故障处理、hopper 故障导致无法出单程票和硬币故障处理、硬币模块找零异常故障处理等。该功能能实现仿真流程体验,软件操作具有音效或语音提示功能,学生在进行实操练习时,如果学生操作错误,会出现错误提示音。

4. 自动检票机故障操作互动仿真

该功能涉及4个实训任务:电磁铁异常导致的退票口卡票故障;PCM板故障导致检票机暂停服务;电磁铁吸力不足导致扇门摇摆故障;读写单元故障导致闸机刷卡无效。设备故障问题与现实中经常发生的设备故障一致,维修流程与现实维修流程一致。图4是自动检票机深度检修模块界面。

图4 自动检票机深度检修模块界面

5. 半自动售票机正常操作互动仿真

半自动售票机正常操作互动仿真功能涉及8个模块27个子任务。这8个模块是售票模块、充值模块、票卡分析模块、付费区异常处理模块、非付费区异常处理模块、票卡处理模块、行政事务模块、系统管理模块。图5是半自动售票机正常操作互动仿真界面。

四、预期实施效果

实验室建成后,可以为轨道交通自动售检票等学科提供仿真实训场景支持,满足车站自动售检票课程学习的需求;仿真实验能系统地训练学生的专业技能,提高学生的实际动手能力、设计规划能力、交流沟通能力、团队协作能力,培养学生的效率意识及创新思维意识,同时能培养学生严谨的工作作风和良好的职业素养。

与此同时,AFC虚拟仿真实训教学软件可以解决多方面的教学问题。首先,它解决了教学过程中场景资源少,教学效果差的问题。在常规的硬件设备实训室,设备耗材成

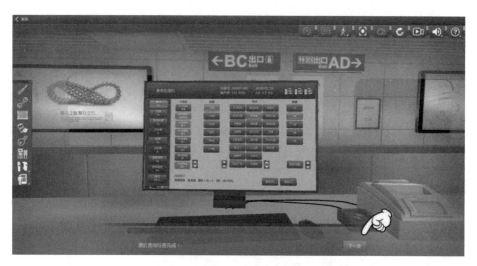

图 5　半自动售票机正常操作互动仿真界面

本较高,设备容易被损坏,设备重复利用率低,并且存在人员安全问题。学生采用虚拟仿真软件就可以规避这些问题。其次,该软件解决了实训室硬件难以启用,或启用后难以恢复原状的教学难题。虚拟仿真软件重启后也能恢复原始状态,便于相关人员对软件进行管理和维护。最后,该软件解决了教学过程中只有少数学生有机会动手操作的问题。只要学生在电脑上安装了客户端,他们就可以完成自动售票机、自动检票机、人工售票机等终端设备的检修和维护模拟操作。

五、结语

新时代"三教"改革,对于高等职业教育改革发展而言,具有不可替代的作用,事关高等职业教育未来的发展。教法是改革的途径。对于城轨机电专业来说,建设 AFC 虚拟仿真实训室就是教法的重大革新。高职院校可以将虚拟仿真实训平台与实际的硬件设备相结合,创造理论教学与实训相融合的现代新型教学模式,这能将专业课中的理论与实践紧密结合起来,有助于学生迅速掌握专业知识和技能。

参考文献

[1] 张仁忠,刘晓君.高职院校仿真实训基地建设研究[J].中国科教创新导刊,2013(28):174-175.

[2] 崔业梅.虚拟仿真在线实验实训建设的研究——以物联网应用技术专业为例[J].软件,2021(5):25-28.

[3] 张德田.高职院校工业机器人技术专业虚拟仿真实训室建设研究与实践[J].科技风,2020(15):181.

[4] 常亮,刘慧君,孙学军,等.高校组织建设虚拟仿真实验教学项目的思考——以河北大学为例[J].实验技术与管理,2020(12):29-32.

思想政治教育价值观生成要素结构及特点分析

冉 琴

（武汉铁路职业技术学院）

摘 要

对思想政治教育价值观生成的研究，是由静态价值观进入动态价值观生成，从社会层次结构和系统结构出发定位价值系统，从价值观生成一般进入思想政治教育价值观生成特殊的过程。思想政治教育价值观生成是一种精神生产活动，生成要素有社会系统、价值观系统、价值观生成主体、思想政治教育，在耦合互动中提炼思想政治教育价值观生成系统结构图示。在价值观社会生成和主体生成的基础上，思想政治教育价值观的生成过程呈现出鲜明的选择性、先进性和整合性，用优秀先进价值观进行规范激励，引导主体形成积极高尚的价值追求。

关键词

思想政治教育　思想政治教育价值观生成　要素结构

一、引言

思想政治教育价值观生成，指的是思想政治教育在社会实践活动中，从社会追求的最高价值角度出发，继承传统优秀价值观，培育社会的核心价值观，倡导先进价值观，引导和协调社会多元价值观，从而实现对价值观领域的优化整合。思想政治教育价值观生成是一个复杂的社会系统工程，思想政治教育与价值观系统耦合互动，对价值观系统进行整合优化。思想政治教育价值观生成要素有社会系统、价值观系统、价值观生成主体、思想政治教育。在耦合互动过程中，思想政治教育价值观生成得以实现，并衍生出一定的结构形式,其稳定运行使得思想政治教育价值观生成呈现出鲜明的选择性、先进性和整合性特征。

二、思想政治教育价值观生成要素

思想政治教育价值观生成的核心要素,是思想政治教育价值观生成的基础和基本条件。生成要素相互影响,形成耦合作用,思想政治教育价值观生成得以实现。作为主体的人通过实践与社会系统,尤其是价值观系统相互塑造,思想政治教育参与其中,优化价值观系统,以优秀先进价值观进行规范激励,引导主体形成积极高尚的价值追求。

(一)社会系统

社会系统是思想政治教育价值观生成的基础要素,价值观的发生、运行、变迁都在社会有机体之中。一种价值观如果不能社会化,就不是真正意义的生成,只是个别人或组织的偶发的思想观念。价值观生成和思想政治教育价值观生成,都是在社会系统内的一种运动过程,社会是价值观生成和思想政治教育价值观生成的场域。对价值观生成起决定性影响的是人、社会、实践,价值观是主体在社会物质生产和精神生产过程中实践生成的。社会的经济、政治、文化系统是价值关系产生的客观条件,在不同的社会阶段,人们对待价值关系的态度、看法、行动方式不同,就会生成不同的价值观。

经济和政治是价值观生成的土壤,文化直接孕育价值观。价值观生成是主体在三者一定的组合方式和结构调节机制中,通过实践参与其中,建构文化系统的核心层。人作为主体,是一切活动和结果的实施者和承担者,价值观系统一旦生成,就会对社会的经济、政治、文化产生形塑作用。思想政治教育价值观生成,是在价值观生成过程中,对社会追求的最高价值进行整合优化,对社会及各子系统和社会成员起到价值规范和价值引领的作用。

(二)价值观系统

价值观通过语言文字的符号表意,实现形式化和社会化,在一定程度上摆脱了具体时空的限制,获得在社会系统中相对独立的地位。从价值的三个维度(人与自然、人与社会、人与自我)出发,形成价值观系统的三个基础组成部分,每一个部分都包含对这一领域的价值目标、价值手段、价值规则、价值制约系统的认知,三个维度之间是相互联系、相互影响的。基于此,高于具体价值观念的认知模式,即价值思维方式得以形成。思维方式是人思考问题的根本方法,是"一种文化所特有的象征性地把握世界之方式"①。思维方式和一个民族的历史文化密不可分,"是一个民族在长期的历史发展中形成的一种较为固定的元认知模式,从某种意义上讲,思维方式体现着一个民族的文化特征,是一个民族文化的核心部分"②。人的思维方式不同,观察问题的角度就会不同,对问题的理解和结论就会不同。价值思维方式是一种文化处理价值关系的认知模式和思维习惯,文化据此进行价值认知、价值选择和价值判断,得出某事物具有何种价值和多大价值等相关判断,是一种相对稳定的认知图式。价值思维方式不同,对价值的侧重不同,对具体价值的理解存在差异,从而形成不同的价值观念,在行为上做出不同的选择。

价值观系统的顶层是建立本位价值,即人们通常所说的最高价值。每一种文化都有其追求的最高价值,最高价值是文化存在的意义,也会成为生长在这种文化中的社会和个人所追求的终极意义,是社会价值体系的核心力和凝聚力的体现。不同价值体系的差异可以归根到最高价值的不同,各价值系统以其为标准对实践中的各种价值关系进行排位取舍,直接影响社会和个人对什么是有价值的、某事物的价值大小判断等价值认知。最高价值一旦确立,价值观系统就会以此为中心建构生成。与最高价值的距离,决定了哪些是核心价值,哪些是边缘价值。是否与最高价值相契合,是一种价值观能够在社会中生成、延续的主要原因。最高价值受到质疑并瓦解,就意味着价值观系统的变迁。确立最高价值对社会来说,是政治制度和社会秩序的正当性基础;对于价值观系统来说,确立最高价值意味着实现了对具体价值的超越,以超现实视域思考人的存在问题。

如图1所示,人与自然、人与社会、人与自我三个维度,形成各自的价值目标、价值手段、价值规则、价值制约,积淀出更高层次的相对稳定的结构价值思维方式,最高价值位于价值观系统顶层,各层次递进,相互影响和制约。三个基本维度的价值观相互作用,价值思维方式和最高价值在历史进程中逐渐生成,一旦生成,它们就会对三个价值维度实现高层整合。通过价值观系统结构图,我们能发现,一个社会要培育一种价值观,就必须与价值观系统契合,以整体眼光和对最高价值的追求,把价值观的培育放到一定的高度和宽度。价值观是人作为主体以自身尺度,对外部客观世界的一种观念性认识和把握,重要性在于这种把握的超越性。这种超越性以价值理想的形式,实现人的目的性与客观世界的规律性相符合,促进人的全面自由发展。

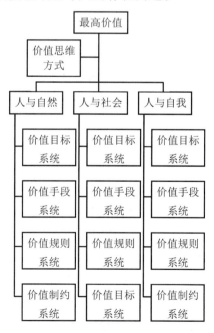

图1 价值观系统的结构

---

① 王南湜.中西思维方式的差异及其意蕴析论[J].天津社会科学,2011(5):43-52.
② 侯玉波.文化心理学视野中的思维方式[J].心理科学进展,2007(2):211-216.

(三)价值观生成主体

价值观生成何以可能？思想政治教育价值观生成何以可能？人作为主体,在物质生产实践中追求更高层次的生活方式,体悟生命意义,追寻美好价值。价值观系统表现为含有一系列思想观念的规范的体系结构,既是价值观生成的结果,又是价值观生成的基础。作为相对静态的生成结果,价值观提供价值认知塑造行为模式。价值观生成只有通过价值观系统本身才能实现,在某种程度上,可以说只有价值观才能产生和改变价值观。价值观必定是主体生成的,首先是个体主体,再是通过各种社会关系和社会活动形成的集体主体。

个体主体是最基本和最基础的。个体主体须具备主体意识,个体主体的心智系统、认知系统、价值意识等组成的思维系统,是价值观生成的物质基础;主体的需要、非理性的心理性因素和实践活动是价值观生成要素。在一定的社会系统中,个体主体通过不同的实践活动和形式与价值客体建立价值关系,形成价值认知和价值评价,做出价值判断和价值选择。个体主体对什么是有价值的、有什么样的价值形成自己的判断,思考人生意义和信仰等超验性问题,选择人生方向和生活方式。

价值观生成中的集体主体,是不同层次和组织关系形成的共同体,在社会关系上形成的人的一种社会存在状态。集体主体是个体和社会在价值观生成中的中介,也是价值观生成的主要主体形式,价值观生成要素有社会关系、组织形式、行为规范、制度安排和文化模式。集体主体价值观生成,形成稳定的文化模式,是共同体成员认同的价值规范和价值追求。改革开放以来,中国社会集体主体日益多元化和复杂化,为思想政治教育在价值观领域的工作带来了挑战,因此思想政治教育价值观生成要突出自己的先进性和高层整合性。

(四)思想政治教育

思想政治教育价值观生成的核心要素是思想政治教育,其主要内容是人们的思想观念尤其是政治思想观念,目的是培养人们形成一定阶段所需要的思想品德。思想政治教育主要包括思想、政治、教育,其中,教育是活动方式,思想和政治是活动内容。思想政治教育工作中,思想的内涵大于政治,政治思想是一种思想观念,但在思想政治教育中它是核心和主题。少数人曾经忽略了思想政治教育的思想性,把思想政治教育局限在政治思想中。这种做法表面上似乎突出了思想政治教育的专业性,实质却是放弃了更大的舞台,有损思想政治教育的广度和深度。如果将思想政治教育局限在政治领域,就谈不上思想政治教育价值观生成。

思想通常与观念联用,称作思想观念,实际上观念是思想的元素。思想是一个观念体系,是经由人的理性思考和知识逻辑论证的观念体系。思想在社会的存在和重要地位,是思想政治教育得以成为可能的前提和条件,政治活动在社会实践中的主导地位是思想政治教育得以成为可能的现实基础。思想政治教育审视思想、政治、教育三者之间的关系,认为"思想意味着一种特定的社会结构、特定群体的活动方式、人类社会历史中精神意识层面自觉性的不断提升以及思想主体的不断扩大,甚至现代社会把思想自由视为现代基本政治常识"[1]。现代社会使思想成为一种影响力巨大的政治活动,思想政治教育服务于人的政治性存在和发展。

思想政治教育通过价值观系统把思想观念转化为行动。价值观是一种精神现象,一旦在个体、组织、社会中生成,有价值和意义的事物就会激发人的行为动机。人是追求意义的,价值判断是行为向导,价值追求是行动意向。人做出价值判断后,会选择哪些行为可以发生,哪些行为应该被禁止。价值追求是行为方向,人们制定计划,使自己的行为向自己的目标靠近。我们常常把伦理和道德当作价值观本身与价值观对等,实质上,伦理和道德都是人们实现价值追求的社会形式,伦理重在为各种社会关系提供伦理规范和构建社会公共交往秩序,道德是内生的一种内在约束,道德追求德性,德性是比伦理更高的追求,可以促进人们遵守伦理规范,调节其不足,对个体来说,德性是人自我实现和超越的重要内容。

思想政治教育处理知识与价值的关系,把思想观念转化为价值认知。思想政治教育要入脑入心,首先是思想在价值系统中得到肯定和认同,观念才能转化为行为。价值观逐渐被纳入思想政治教育本质范畴,思想政治教育本质指向受教育者政治价值观的再生产,而政治价值观本身也与思想政治教育所包含的各种思想教育、道德教育和心理教育等内容紧密相关。更为重要的是,政治价值观的再生产,"既包含了涉及教育者和受教育者双方,但以受教育者为观察人群的思想改造与价值更新,也包含了以创造精神成果为代表、融具体劳动和抽象劳动于一体的社会生产劳动"[2]。价值观是思想政治教育与个体和社会的重要连接点,从本质上讲,思想政治教育的中心任务是核心价值观教育,目的在于社会成员核心价值观的生成,是"促使教育对象把核心价值观'内化于心、外化于行'的教育实践活动"[3]。

三、思想政治教育价值观生成系统结构

思想政治教育价值观生成是思想政治教育以高度价值自觉,通过思想性精神生产和

---

[1] 金林南.思想政治教育学科范式的哲学沉思[M].南京:江苏人民出版社,2013.
[2] 宇文利.论思想政治教育本质:政治价值观的再生产[J].马克思主义与现实,2013(1):183-188.
[3] 张苗苗.思想政治教育的本质是核心价值观教育[J].教学与研究,2014(10):90-95.

教育实践,对价值观系统和价值观主体在价值观生成上的整合优化。从价值观本身出发,价值观作为一种思想观念体系,必定是主体生成,价值观在社会系统中实现具体化和系统化。思想政治教育作为一种精神生产,需要处理知识、实践和价值三者的关系。思想政治教育有自己的价值判断,也对社会存在的诸多价值进行判断。价值判断是思想政治教育得以开展的前提条件,传授哪些知识,如何进行社会实践,持什么态度对待社会中的多元价值,直接影响思想政治教育的目标、内容和实施方案的确定。"思想政治教育的价值选择源自一种对于人的全面发展的渴望,其培养目标和教育的价值观是马克思主义哲学所提出的全面发展的人"[①],这规定了思想政治教育如何进行价值观培育和教育。思想政治教育的价值选择是人的全面自由发展,要培育人们对美好先进价值的追求。价值观是以一种相对稳定的方式呈现出来的知识体系,是思想政治教育的内容,但价值观最根本的目的是树立起价值意识,克服对象性态度,把对美好先进价值的追求内化为主体的主动追求,培养主体的价值自觉。

根据思想政治教育价值观生成要素之间的关系,我们认为,这些生成要素与社会系统的互动情况形成了一定的稳态结构。思想政治教育从整体和全局角度,把握价值观生成本质,在社会系统中与价值观系统和价值观生成主体互动,实现思想政治教育价值观生成。社会系统与价值观系统、价值观生成主体、思想政治教育和思想政治教育价值观生成之间是一种包容关系,在社会系统中,思想政治教育价值观生成各要素相互影响、相互生成,由此我们可以归纳出思想政治教育价值观生成系统的结构(见图2)。

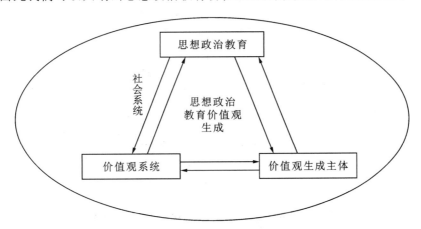

图 2　思想政治教育价值观生成系统的结构

图2描述了思想政治教育价值观的生成路径和状态。价值观生成的实质是价值观系统的演化发展,价值观生成主体是价值观生成和思想政治教育价值观生成的前提和实践者,对主体来说,价值观生成主体既是价值观系统的被塑造者,又是价值观系统的构建者。主体价值观生成一方面是价值观系统的社会化,另一方面是价值观生成的具体表现。价值观系统和主体互为条件,实现价值观生成。思想政治教育通过思想性的精神生

---

① 孙迎光.思想政治教育新论[M].上海:三联书店,2014.

产和教育活动,优化整合价值观系统,从社会价值观系统的顶层设计出发,在价值观生成过程中,积极地将优秀价值观传承下去,培育符合社会要求的核心价值观,提倡推崇先进价值观,引导协调多元价值观,在主体价值观生成过程中对其开展规范和引导。思想政治教育与价值观系统和价值观生成主体相互影响、相互塑造,在价值观生成过程中起到积极正向的引导作用,规范主体价值观生成,鼓励主体追求高尚、先进的价值观。

社会系统由经济、政治和文化三个子系统构成,价值观在文化系统中居于核心地位。经济和政治是价值观生成的土壤,文化是孕育价值观的母体。一个社会的经济、政治、文化和价值观系统,以耦合方式维持社会系统稳定运行。价值观生成形成一定的、稳态的文化形式,比如制度文化、地域文化和组织文化等,它们在社会系统中运行。价值观生成主体具备认知结构和能力,通过实践活动在相互塑造中生成价值观。

思想政治教育具备高度价值自觉,以最高价值为出发点,整合优化价值观系统,协调社会子系统间的关系向正向、良性方向发展。思想政治教育和价值观生成相辅相成,在系统耦合中以创新性继承方式生成价值观,思想政治教育价值观生成的前提和基础是社会系统的价值观生成。思想政治教育价值观生成一般,是从社会系统结构出发来定位思想政治教育价值观生成的。结合思想政治教育的特质和实践活动的特点,思想政治教育有自己独特的价值观生成方式,这就是思想政治教育价值观生成特殊。我们将其进一步细化,可以得出思想政治教育价值观生成的六维系统结构图(见图3)。

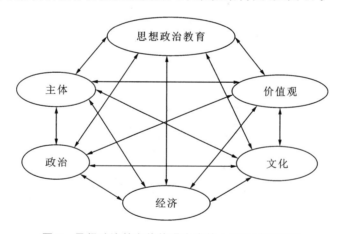

图3 思想政治教育价值观生成的六维系统结构图

四、思想政治教育价值观生成特点

价值观系统是一个自组织系统,思想政治教育参与其中,但不能决定价值观系统的发生、运行和变迁,这是思想政治教育价值观生成的基础和现实依据。思想政治教育自身的特点、历史发展和实践活动,渐次形成思想政治教育价值观生成的要素结构,思想政治教育价值观生成从一般上升到特殊,这使得思想政治教育价值观生成呈现出选择性、先进性和整合性的特点。

(一)思想政治教育价值观生成的选择性

选择性是指一种有特定方向的选择意向和行为,包括主动选择和被动选择。如果上升到哲学层次,选择性就是主体的自觉行为,是人作为主体的表现。思想政治教育价值观生成的选择性,表现出的是思想政治教育的一种价值观自觉。思想政治教育培养人们的思想品德,品德是一种稳定的人格特征,最终目的是希望人们把社会要求的思想观点转化为行为。具备某种品德的人,他的行为会遵从这种品德所要求的行为规范,比如诚信、友善、节俭、勤劳等。现实中,我们发现,并不是人们所接受的所有思想观念都可以转化为行为,即转化程度是不等的。原因在于,思想观念和品德要转化为行为,在人们的精神领域中需要一种中介,这就是价值系统。

思想政治教育活动的本质要求其应当以社会价值观生成为基础,对社会价值观生成和主体价值观生成进行整合和引导,在更大范围和更深层次的意义上实现思想政治教育价值观生成。区别于人类其他活动领域的价值观生成,思想政治教育价值观生成具备鲜明的选择性特点。任何一个成熟的社会都存在基本的价值观念,思想政治教育价值观生成的目的是选择能够照亮生活、引领生命的精神之光,在社会追求的最高价值角度,它必定是选择性的。思想政治教育价值观生成的结果契合中国特色社会主义的传统优秀价值观、社会的核心价值观和先进价值观,继承性地创新生成美好先进价值,并建立中国特色社会主义核心价值观体系。

思想政治教育价值观生成典范是社会主义核心价值观的提出,是思想政治教育价值观生成选择性的表现。党的十六届六中全会首次明确提出"建设社会主义核心价值体系"这一科学命题,党的十七大报告突出强调把社会主义核心价值体系融入国民教育和精神文明建设全过程,转换为人民的自觉追求。从社会主义核心价值体系到社会主义核心价值观,是思想政治教育价值观生成不断深化的过程,在这个过程中,思想政治教育价值观生成带有明确的方向性、选择性,是对社会主义美好先进价值的追求。

(二)思想政治教育价值观生成的先进性

先进性是一个比较性质的概念,是一个事物在某方面优于其他事物的卓越之处。思想政治教育价值观生成的先进性,相较于其他领域的价值观生成,表现在两个方面:一是思想政治教育价值观生成不局限于自身,立足社会各系统、各领域,从整体出发,也观照具体社会领域,发现并追求引领发展的先进价值;二是思想政治教育从人类社会历史发展进步的角度,以先进思想和价值引领社会价值观生成。具体领域的价值观生成,一般都受限于本领域所追求的具体价值目标和最高价值追求;思想政治教育价值观生成从人类社会发展进步的角度,对社会系统中的价值观进行整合优化,目的在于促进人的自由全面发展。

思想政治教育价值观生成,以先进文化为指导,以先进价值为引领。中国共产党在成立之初就以马克思主义作为自己的指导思想,思想政治教育是在马克思主义理论的指导下展开的。思想政治教育价值观生成的最高价值取向一直以来就是共产主义理想,这是在人类历史发展中形成的一种先进价值。新民主主义革命过程中,中国共产党坚守最高价值目标,立足中国社会发展阶段特征,思考国家和人民的长远利益,立足人民群众根本利益,超越近代西方思想局限,生成符合中国社会实际的、领先于当时社会其他阶级价值取向的新民主主义价值观。在中国从新民主主义社会过渡到社会主义社会的过程中,中国共产党不断探索适合中国国情的社会主义道路。改革开放以来,我们尊重社会经济发展客观规律,重新认识社会主义本质,重构中国特色社会主义价值系统。进入新时代,思想政治教育价值观生成以习近平新时代中国特色社会主义思想为指导,在中华优秀传统文化、革命文化、社会主义先进文化滋养下,借鉴吸收世界文化有益成果,协调价值观生成普遍性和特殊性,构建中国特色社会主义价值结构体系。

(三)思想政治教育价值观生成的整合性

思想政治教育价值观生成的整合性,是指思想政治教育从社会追求的最高价值出发,培育和构建社会价值体系,实现对人与社会、人与自我和人与自然价值关系的整合。人类社会的三种主要价值关系是价值观生成的具体路径,从人类活动的具体领域出发,有经济、政治、社会和艺术等具体价值观。从系统论出发,价值观作为一个系统,三种价值观是逐级分化出来的子系统,三者之间相互影响又各自独立,系统进化出高出具体价值关系的价值思维层次和最高价值层次,最高价值位于价值观结构的顶层,作为系统的最高层次,可以决定价值观系统的性质并实现高层整合的功能。

价值观系统的最高价值一旦生成,会观照价值观体系各个层面实现整合。中国传统价值体系以道德为最高价值,影响了价值观体系的各个层面,渗透到人们活动的各个领域,影响人们的价值判断和价值选择。中国传统审美和艺术深受影响,山水画是中国独特的艺术和文化现象,人们对山水画的情有独钟与中国传统价值体系的价值追求密切相关。山水画不是单纯为了审美,而是古代中国文人对道德追求的体现。例如,通过对宗炳《画山水序》的研究,有学者得出结论,中国古代文人钟爱山水画,是因为他们把山水作为传达情感的载体,来表达内心的情绪,用笔墨的浓淡、点线的交错、明暗虚实的互映、形体气势的开合来创造一幅意境幽深、气象万千的胸中丘壑。"中国人'画山水'因为修身故才开出来,这同样是士大夫传统的重要因素。"[①]

---

① 赵超."画山水"观念的起源——宗炳《画山水序》研究[D].北京:中国美术学院,2013.

思想政治教育以人的自由全面发展为价值追求和价值判断标准,从最高价值出发,对社会价值观生成实现高层整合。社会主义核心价值观包含 12 个词,共 24 个字,是思想政治教育价值观生成整合性特点的突出表现。社会主义核心价值观吸收借鉴人类文明有益成果,立足中国特色社会主义价值实践,从三个层面凝聚中国特色社会主义初级阶段价值共识,把国家目标、社会导向和个人规范统一起来。社会主义核心价值观从社会最高价值目标出发,尊重中国社会发展阶段及价值观生成规律,从价值观顶层设计出发,实现了对中国社会价值观的高层整合,最大限度地凝聚社会共识。

基于实践方式,思想政治教育价值观生成能够对社会进行高层整合。思想政治教育价值观生成以教育活动为主,有一定的思想内容,目的在于让人们接受这些思想观点。教育是一种实现方式,展开的逻辑起点是一系列的思想观点和规范。思想政治教育价值观生成是精神性劳动,建立在价值观社会生成基础上,本质也是一种社会生成,只是采用的主要方式与其他领域的价值观生成有所区别。思想性劳动和教育活动,使得思想政治教育相比社会其他领域价值观生成来说,可以对社会价值问题进行反思,从理论高度观照价值观,超越具体领域价值观的局限,从人类社会整体发展和个体的全面自由发展出发,实现高层整合。

五、结束语

思想政治教育价值观生成一般,是从社会层次结构和系统结构出发定位价值观系统。人们通过分析价值观系统与社会系统的耦合过程,能了解思想政治教育价值观生成一般的动态过程。从思想政治教育本质出发,思想政治教育有着自己独特的历史经验和实践活动方式,思想政治教育价值观生成从一般到特殊,生成要素有社会系统、价值观系统、价值观生成主体、思想政治教育,各要素在耦合互动中形成系统结构,进一步细化并提炼出思想政治教育价值观生成的六维系统结构。思想政治教育价值观生成逐渐形成稳定的理论范式,该理论范式明确了思想政治教育价值观生成的意义、目的、方式方法,拓宽了思想政治教育理论视域。

参考文献

[1] 冉琴.思想政治教育价值观生成精神化现象探析[J].学校党建与思想教育,2020(19):24-27.

[2] 王南湜.中西思维方式的差异及其意蕴析论[J].天津社会科学,2011(5):43-52.

[3] 侯玉波.文化心理学视野中的思维方式[J].心理科学进展,2007(2):211-216.

[4] 金林南.思想政治教育学科范式的哲学沉思[M].南京:江苏人民出版社,2013.

[5] 宇文利.论思想政治教育本质:政治价值观的再生产[J].马克思主义与现实,2013(1):183-188.

[6] 张苗苗.思想政治教育的本质是核心价值观教育[J].教学与研究,2014(10):90-95.

[7] 孙迎光.思想政治教育新论[M].上海:三联书店,2014.

[8] 赵超."画山水"观念的起源——宗炳《画山水序》研究[D].北京:中国美术学院,2013.

Chapter 4

人文社科论坛

电子商务时代网络营销与传统直销的整合实践探析

杨 柳

(武汉铁路职业技术学院)

摘 要

随着电子商务的快速发展,网络营销已然成为企业营销的重要手段。然而,传统直销也一直是企业销售中不可替代的重要方式。如何将网络营销和传统直销进行整合,成为企业发展的重要问题。本文在对网络营销与传统直销的优缺点进行对比分析的基础上,探讨两者整合的必要性和可行性,并提出了整合实践的策略。

关键词

电子商务 网络营销 传统直销 整合

一、引言

随着信息技术的不断发展,电子商务已经成为商业领域中不可忽视的重要力量。在这样的背景下,网络营销已然是企业发展的重要手段之一。然而,传统直销也一直是企业销售中不可替代的重要方式。两者之间的差异性和互补性,决定了它们可以通过整合发挥更大的作用。本文将从网络营销与传统直销的优缺点出发,探讨将两者整合的必要性和可行性,并提出几个具体的实践策略。

二、网络营销与传统直销的区别

网络营销和传统直销都是企业推广和销售产品的方式,但它们在很多方面有明显的不同。首先,网络营销和传统直销的受众范围不同。网络营销可以覆盖全球各地,消费者可以通过互联网随时随地接收信息;而传统直销则需要通过实体店面或销售代表进行产品销售,受众范围较为有限,通常只能覆盖本地或区域范围内的消费者。其次,网络营销和传统直销的成本不同。网络营销相对来说成本较低,企业可以通过建立网站、使用社交媒体等方式进行宣传和推广,减少了人力和物力方面的投入;而传统直销则需要雇佣销售代表、开设实体店面等,需要投入更多的人力、物力和财力。再次,网络营销和传统直销的交流方式也不同。在网络营销中,企业主要通过虚拟的网络与消费者进行交流,如电子邮件、社交平台、网站留言等;而传统直销更加强调面对面的交流,销售代表可以与消费者进行直接的沟通,从而更好地了解消费者的需求和痛点。最后,网络营销和传统直销在销售效率和销售方式上也有所不同。网络营销可以借助大数据进行消费者行为分析,更加精准地获取消费者的需求,进而制定产品定位和市场推广策略;而传统直销更注重销售代表的经验和专业知识,销售代表主要通过与消费者的面对面交流了解消费者的需求,据此提供个性化服务。

总的来说,网络营销和传统直销都有各自的优势和不足,企业可以根据产品属性和市场需求进行选择。例如,对于消费品类的商品来说,网络营销可以覆盖更广的受众群体,成本也更低,因此更加适合进行网络营销;而对于高端商品或服务类商品,传统直销则更加适合,因为传统直销可以提供更加个性化的服务和建议,增强消费者的信任感和忠诚度。

三、网络营销与传统直销整合的必要性

网络营销在现代企业推广产品和服务中占有重要地位,但传统直销在某些行业和市场中扮演着重要角色。随着信息技术的不断发展和消费者需求的变化,网络营销和传统直销之间的互补性越来越明显。因此,将网络营销与传统直销整合起来,提高销售效率和企业竞争力,已成为一种发展趋势,非常必要。

首先,企业整合网络营销和传统直销可以优化销售渠道,丰富产品营销方式,建立更加完善的销售流程,提高销售效率和服务质量。其次,企业整合网络营销和传统直销可以扩大受众范围,更好地满足不同地区和不同消费者群体的需求,在消费者数量和个性化服务中达到均衡,进而提高销售量和市场占有率。再次,企业整合网络营销和传统直销可以让销售信息以最低的代价触及最多的用户,降低用户边际成本,提高营销的性价比,在为企业节省成本的同时争取更多客户和销量。最后,企业整合网络营销和传统直销可以提升品牌形象和信誉度,通过社交媒体平台、网站等网络营销渠道提高企业的知名度和曝光度,借助传统直销中销售代表的行为体现企业员工的专业素质和服务态度。

两种方式互补融合,企业可以建立更加完善的品牌形象和服务管理体系,进一步提高客户满意度和忠诚度。

四、电子商务时代网络营销与传统直销的整合策略

虽然将网络营销和传统直销进行整合,可以充分发挥两种营销方式的优势,提高销售效率和企业竞争力。然而,整合并不是一件简单的事情,要取得预期的效果,还需要企业在人员、技术和流程等方面进行规划与调整。因此,企业在进行整合时,需要充分评估自身实力和市场需求,选择适合自身的整合方式和策略。

(一)建立线上线下一体化的销售渠道

企业可以通过开发网站、开通自媒体平台账号、开设实体店面等多种方法,建立线上线下一体化的销售渠道,来实现网络营销和传统直销的整合。这种做法一方面为消费者提供了更加丰富的购物方式,消费者可以选择在不同的平台上了解商品信息和购买产品,另一方面提高了企业的曝光度和销售效率。消费者通过互联网进行商品浏览和下单,减少了实体店面的人员和空间压力。实体店面的销售代表也可以通过线上渠道与消费者进行沟通交流,提高服务效率和个性化服务能力。另外,通过整合线上线下多种销售渠道,企业可以拓宽销售渠道,同时实现跨界销售,将产品推向不同的市场,实现多方面的利润增长。

(二)提高营销策略的针对性和个性化水平

企业可以利用大数据和销售代表一对一沟通来获取消费者需求和行为数据,通过数据挖掘与分析、客户画像得到消费者的偏好,制定更加有针对性和个性化水平更高的营销策略,来实现网络营销和传统直销的整合。例如,企业可以通过微信、抖音等社交媒体平台和销售代表反馈了解某类消费者的社会属性、兴趣爱好、行为偏好,从而推出满足该类消费者需求的产品和精准营销策略,并提供有针对性的个性化服务,来提高线上线下消费者的购买体验和满意度,或者为消费者提供个性化的产品定制服务以及具有针对性的客服服务和售后服务,增强消费者的满意度和忠诚度。

(三)加强品牌营销和口碑管理

企业可以通过加强品牌营销和口碑管理来实现网络营销和传统直销的整合。在线

上线下不同的销售渠道中保持品牌形象和一致性,能让消费者更好地认识和了解企业品牌,提高品牌和商品的曝光度和影响力。与此同时,完善的品牌口碑管理机制能够提高消费者对企业的信任和忠诚度。因而,在网络营销和传统直销的整合中,重视企业品牌与客户口碑,制订相关的举措,能够间接促进销量和市场占有率的提升。例如,企业可以通过社交媒体平台和在线评价系统收集消费者反馈的信息,及时回应消费者关注的问题,主动解决消费者的投诉和不满,提高消费者的口碑和忠诚度。企业也可以通过在实体店面展示商品使用场景和引导消费者试用来提高消费者的体验和认知度,同时通过社交媒体平台等线上渠道分享产品使用心得和故事,来提高消费者的口碑和忠诚度。企业还可以通过合作和联合营销来增强品牌营销和口碑管理,利用与其他品牌的合作机会,推出联名商品或者联合营销活动,增强品牌曝光度和影响力,实现双赢。

总结来说,网络营销和传统直销的整合对于现代企业来说是可行的。企业可以通过建立线上线下一体化的销售渠道、提高营销策略的针对性和个性化水平,以及加强品牌营销和口碑管理等策略来实现网络营销和传统直销的整合,获得更好的营销效果,促进企业发展。

五、结束语

网络营销和传统直销各有优缺点,但它们的差异性和互补性为整合提供了必要的前提和条件。在这样的背景下,如何将两者进行整合,成为企业发展中的重要问题。本文在对网络营销与传统直销的优缺点进行对比分析的基础上,提出了整合实践的策略,希望能为企业提供有益的参考。通过整合网络营销和传统直销,企业可以更好地服务消费者,同时提高企业的销售效率和竞争力。

参考文献

[1] 马莹莹,杜威.电子商务时代网络营销与传统直销的整合研究[J].全国流通经济,2022(3):20-22.
[2] 霍俊玲.电子商务环境下的商业市场营销模式[J].现代商业,2021(7):60-62.
[3] 许素津.电子商务时代网络直销存在的问题与对策[J].消费电子,2012(8):7.
[4] 王丹鹤.电子商务时代O2O多元网络营销冲突与合作模式构建[J].商业经济研究,2021(18):85-88.
[5] 李美清,段吉卿,肖懿,等.后电商时代水果直销模式构建与运营策略[J].湖南科技学院学报,2020(3):50-52.

[6] 刘茗.大数据时代电子商务精准营销实现个性化推荐研究[J].现代营销,2022(27):164-166.
[7] 王江.电子商务时代下零售行业市场营销的相关思考[J].中国商论,2022(1):54-56.

农产品电子商务信息服务平台构建探讨

倪雪琴

（武汉铁路职业技术学院）

摘　要

　　农业是基础性产业，中国现代化离不开农业现代化。发展农业电子商务是适应时代发展趋势、保障民生的关键。为保障人口粮食安全，确保粮食平稳顺利供应，农业发展应当高度重视信息化技术的应用，搭建电子商务平台，利用大数据信息手段，全程监控农作物数据信息，采用"种植—生产—销售"一体化的发展模式。农产品电子商务信息服务平台涉及关键流程、功能、数据分析、系统结构多个环节，对农业发展具有非常重要的作用。本文简要分析了搭建农产品电子商务信息服务平台的重要意义，讨论了农产品电子商务信息服务平台的具体应用，旨在为推动农业电子商务的发展，实现农业高质量高品质的综合发展提供参考。

关键词

　　农产品　电子商务信息服务平台　策略　构建

一、引言

　　传统农业经济的发展大多依靠人力，以小规模种植为主，效率比较低，种植压力大，不能完全保证农产品的质量。这样的种植方式，难以满足大量的食品需求，不利于农业经济整体的发展。随着现代信息技术的发展，人们可以借助信息技术手段，依靠网络分析农产品种植最佳条件，并控制农作物生长的条件，确保农作物的品质；拓宽农作物销售渠道，提高农业经济效益。在这种背景下，农产品电子商务信息服务平台就显得格外重要。农业种植人员应当研究电子商务信息服务平台的具体应用,结合本地的实际发展情况,制定特色化、本土化的发展模式,最大程度地发挥本地的农业优势,促进农业高质量发展。本文就农产品电子商务信息服务平台的搭建进行简要的讨论。

二、农产品电子商务信息服务平台概述

农产品电子商务信息服务平台是以互联网为基础的,能提供农产品生产作业、网络销售等服务,买卖双方可以通过互联网达成协议,实现买卖。这种新型销售方式可以有效解决农作物供应不均衡的问题,促进农产品信息公开透明,实现农作物多范围多渠道销售,确保市场供销平衡,减少农作物长期滞销的情况,发挥新型农业的效用,在整体上推动农业现代化发展。在"互联网+"的时代背景下,农产品电子商务信息服务平台能发挥更大的作用,也拥有更大的发展空间。

农产品电子商务信息服务平台起源于欧美国家,以欧洲国家和美国为典型代表。农产品电子商务信息服务平台可以实现农产品线上展示、沟通、销售,发挥现代农业的资源优势,满足人们的日常需要。我国是一个人口大国,也是农业发展大国。传统媒体受地域、自身条件等的限制,很难实现信息共享,而农产品电子商务信息服务平台可以有效地解决这类问题。现阶段,我国农业电子商务发展研究还停留在初级阶段,在理论研究方面还存在不足,缺少具体的实践经验,缺少专业性强、针对性强的电子商务平台,难以确保入驻平台的农产品的品质和质量,难以规范商家的信誉等级,同质化产品多,容易形成恶性竞争,这些问题都需要平台来进行规范和处理。

农产品电子商务信息服务平台依靠互联网信息技术,制定相关贸易协议,确保买卖双方可以在不见面的情况下了解农产品信息,完成农产品交易。按照交易主体的不同,我们可以把农产品电子商务信息服务平台分为 B2B 模式、B2C 模式、C2C 模式、O2O 模式。

在大数据时代,繁杂的数据信息会影响农产品检索的效率,增加消费者购物的时间,降低消费者的满意度。农产品电子商务信息服务平台专业性强、针对性强,消费者可以在平台上更快速、更便捷地检索数据信息,挑选符合需求的农产品。

三、农产品电子商务信息服务平台的搭建

(一)系统功能分析

农产品电子商务信息服务平台可以依据服务对象分离原则,划分出前台服务模块和

后台管理模块。前台服务模块主要面向消费者,与消费者保持沟通和联系,回应消费者的需求。后台管理模块主要关注产品后期服务,提供用户注册、商品信息检索、信息推送、订单管理、个性化设计、系统维护和管理等各项服务。前台服务模块和后台管理模块相互促进,相辅相成,共同为消费者提供满意的购物体验。

(二)系统业务流程

在农产品电子商务信息服务平台中,系统业务流程包括消费者登录平台、注册会员、平台验证消费者身份、消费者与平台沟通、平台完成销售、用户查询物流信息等。这个流程非常清晰,有利于提供令消费者满意的购物体验。

(三)用户处理数据流程

用户处理数据流程,是指用户登录注册成为平台的会员,当用户下次登录平台的时候,系统会自动识别用户信息,完成快速登录,同时也会推送相关的农产品信息,方便用户更好地使用平台资源。除了做好用户数据信息管理外,平台还需要特别注意选择合理的开发环境,保证开发环境的顺畅,做好用户的维护和管理,为用户创造完美的购物体验。

四、农产品电子商务信息服务平台的系统设计

在做好农产品信息服务搭建工作后,就需要对农产品电子商务信息服务平台进行系统设计,保证平台顺利运行。农产品电子商务信息服务平台的系统设计主要包括以下几个方面的内容。

(一)整体结构设计

农产品电子商务信息服务平台的整体设计需要注意两个环节:前台服务与后台服务。平台开发人员需要注意提供个性化、便捷化、智能化的操作要求,保证用户方便快捷地完成平台登录,轻松高效地完成购物。

(二)概念结构设计

概念结构设计主要是从用户的需求着手,考虑用户的真实需要,判断用户的购买喜好。在这一环节,平台开发人员可以充分利用销售模型,合理优化购物环节。

(三)数据库逻辑结构设计

数据库的逻辑结构设计是为了保证整个平台各个板块之间的逻辑性和合理性,方便用户快速切换不同板块,节省时间,提高效率,保证用户购物的便捷性。在逻辑结构设计中,平台开发人员需要设计清晰醒目的农产品商品表,在商品详情中呈现农产品的品质、产地等信息。

五、农产品电子商务信息服务平台的宣传和运营

在农产品电子商务信息服务平台搭建完成后,相关人员需要高度重视平台的后期运营,积极扩大宣传,增加平台的曝光率。平台在宣传初期,可以多渠道进行宣传,通过各种优惠补贴措施吸引消费者。在日常维护中,平台需要关注消费者体验,及时回应消费者的质疑,保证产品质量,打好口碑保卫战。另外,平台还需要做好物流保障工作,提高物流的时效性。

六、结束语

在中国,各类电子商务平台已经发展了很多年,取得了不少经验。农产品电子商务信息服务平台应该汲取电子商务平台的发展经验,结合本地农业发展实际情况,扬长避短,充分展示当地农业发展的优势和特色,优化电子商务平台设计,打造特色化的农业平台,实现农产品信息通畅,减少农产品销售信息壁垒,加强推广宣传,打造优质农产品品牌,发挥品牌效应,促进农业经济的快速发展,打造智能化、便捷化、高效化的现代农业经济发展模式。

参考文献

[1] 郭仁财.新零售下山东农产品电子商务信息服务发展策略研究——以苹果为例[D].贵阳:贵州财经大学,2020.

[2] 李露,彭一峰,陈航,等.基于区块链技术的农产品生产决策信息系统[J].农业展望,2019(9):81-85,96.

[3] 王赛男.黑龙江省农产品电子商务信息服务发展策略研究[D].哈尔滨:黑龙江大学,2018.

[4] 王洪华.农产品电子商务信息服务平台构建研究[J].甘肃科技纵横,2018(2):1-5,58.

[5] 打造"金农网"为农业开展全产业链服务[J].农业工程技术,2016(36):56-57.

[6] 宣城市人民政府办公室关于印发宣城市"互联网+"现代农业行动实施方案的通知[EB/OL].[2016-11-15].https://www.xuancheng.gov.cn/OpennessContent/show/1364249.html.

浅析电子商务对我国实体经济的影响

郑金花

（武汉铁路职业技术学院）

摘　要

　　电子商务发展迅猛，直播带货横空出世，冲击了传统的实体经济营销模式和消费模式，人们的衣食住行越来越离不开网络。网络在方便了大部分人生活的同时，也对传统实体经济带来了巨大的冲击。电子商务不仅是一种销售渠道，而且是一种新的商业模式，会带来一场新的商业革命。

关键词

　　电子商务　实体经济　影响

一、引言

　　近年来，我国电子商务迅猛发展，网络购物在人们的衣食住行中占据着越来越重要的位置，为人们的生活带来了巨大的便利。有人认为，电子商务的发展导致实体经济越来越不景气，在全国范围内，很多商圈都出现了不同程度的"旺铺招租"现象。甚至有人说，过去"一铺养三代"，现在"一铺亏三代"。那么，电子商务对我国实体经济的影响有哪些？我国实体经济如何走出困境？本文从以下几个方面进行了思考。

二、电子商务发展现状

　　得益于互联网近些年的飞速发展，在全世界范围内，电子商务的发展都非常迅速。

我国电子商务虽然起步晚,但其拥有庞大的消费群体,拥有先进的互联网技术作为支持,这是我国电子商务快速发展的重要基础和动力。

(一)我国电子商务发展现状

在国家大力发展信息网络的情况下,我国网络基础设施不断完善,几大移动网络运营商发展迅速,此外,各大电子商务网络、社交网络平台百花齐放,网络消费群体购买力突飞猛进,网络购物渗透率正逐年增长;智能手机普及率提升,中国网民规模持续增长,网络购物用户随之增长。截至 2021 年 12 月,我国网络购物用户规模达到 8.4 亿人,较 2020 年 12 月增长 7.67%。

2000 年,实体商家第一次在网络上做起了生意。2003 年,淘宝购物平台在国内快速爆红,间接带动了京东、苏宁、唯品会、抖音等电子商务平台的发展。2015 年,拼多多正式上线,2019 年,拼多多拥有超过 5 亿的注册用户,发展速度可谓惊人。2019 年,"直播电子商务元年"开启,网民可以直接在自己喜欢的社交媒体上购物,抖音、微信等平台的电子商务发展势头强劲,我国电子商务零售额持续增长。2021 年,全国网上零售额达 13.1 万亿元,其中,实物商品网上零售额首次突破 10 万亿元,达 10.8 万亿元。

直播带货蓬勃发展。截至 2020 年 3 月,我国电子商务直播用户规模达 2.65 亿人,占网络购物用户的 37.2%。如今,我国营销环境和消费环境也发生了较大改变,线上销售大量替代传统门店销售模式,直播销售额迅猛增长,加快了新电子商务的数字化转型。

(二)西方国家电子商务发展现状

电子商务曾经在美国、欧洲等发达国家占据了市场主体地位。2017 年,全球前十大电子商务市场排名中,美国以 8.8830 万亿美元居全球榜首,约占全球总额的 30.2%,日本以 2.9750 万亿美元排名第二,中国以 1.9310 万亿美元位列第三。前十大电子商务市场中,发展中国家仅有中国和印度,其他全部为发达国家。

近年来,全球电子商务市场重心发生转移,目前,亚洲的电子商务市场发展速度最快。中国、印度等国家的网络零售年均增速都超过了 20%,我国网络零售交易额已稳居世界第一。全球十大电子商务企业排名中,中国占了 4 席,日本占 1 席,我国电子商务巨头阿里巴巴的市场份额排名全球第一。有研究数据表明,2020 年美国电子商务市场在全球市场份额减少了 16.9%。

电子商务在国外发展减速,原因是多方面的。首先,政府不允许电子商务企业做大做强,一旦电子商务抢夺零售行业的利益,相关协会、组织、工会就会干预。其次,反垄断法也限制了电子商务企业的发展,阻止电子商务企业发展成为垄断式的"巨无霸"。最后,发达国家实体零售业服务贴心,购物环境舒适,导致很多人更愿意去实体店购物。

三、电子商务发展的影响

(一)电子商务发展的有利影响

1. 电子商务的发展带动了物流业的快速发展,提高了物流业的地位

电子商务使得普通消费者、企业可以通过网络购买生活消费品和生产资料。除了极少数的无形产品可以通过网络传输外,绝大部分有形产品都依赖物流企业送到客户手中,物流是电子商务顺利发展的保证。此外,生产企业原材料、产品的进库和出库,也需要由物流企业来完成。物流企业扮演着生产企业仓库和消费者需求的实物供应者的双重角色。如今,物流企业成了提供区域市场实物供应的重要主体。物流企业的地位得到了空前的强化,电子商务把物流企业的重要性提高到了前所未有的高度。

2. 电子商务网络平台为消费者、企业提供了便利的购物条件

电子商务使得普通消费者足不出户,只要点击购物网站,就可以买到自己所需的商品;企业可以通过网络采购原料、接受订单、销售产品,并且网络订货不受时间、地点的限制。对消费者和企业而言,一方面,他们利用电子商务平台节省了大量人力、财力和时间;另一方面,他们可以在网络上搜索大量的同类商品或货物,做到货比三家,还可以与很多同类商家或生产厂家直接沟通和交流,充分了解商品的信息,从而购买到满意的商品。

3. 电子商务企业减少了中间商,为消费者带来了价格方面的实惠

相比较实体经济而言,企业在电子商务平台上销售商品不需要门面,经营规模不受场地限制,节省了高额的房租、水电成本;不需要雇用太多销售员,节省了人工成本;网店货物库存少,资金压力也更小。现在,很多电子商务企业甚至可以做到零库存,他们先在直播时展示样品,提前进行预售,再去联系生产商根据订单数量生产、发货。大量商品直接从厂商发货到消费者手中,减少了中间商,减少了库存成本,所以同样或类似的商品,电子商务企业的价格通常比实体店低得多。此外,电子商务平台聚集了大量消费者,通过冲量,平台能够做到薄利多销。

(二)电子商务发展的不利影响

1. 电子商务发展迅猛,实体经济遭受严重冲击

电子商务是一次高科技和信息化的革命,它强化了信息化处理,弱化了实体处理,一

些传统的实体行业、企业将逐渐压缩乃至消亡。目前,我国的电子商务已经严重影响了实体经济,人们在街头巷尾随处可见实体店关店或歇业。在传统模式下,生产商、批发商、零售商都能获得收益,从生产到流通的各个环节都可以得到利润,而在互联网经济模式下,大部分利润都被大型电子商务平台赚取。千千万万处于流通和销售环节的实体店被网络经济架空,失去了绝大部分客户,市场萧条,最终在不少商圈都出现了实体店人去楼空的情况。电子商务的迅猛发展为不少实体经济店铺带来了巨大的压力。

2. 一些网络购物平台假货泛滥,市场环境复杂

网络购物热潮持续增长,但消费者也发现了网络购物中存在的问题。很多消费者质疑买到的商品和他们在平台或直播间看到的商品质量不一样,或者和实体店相同品牌同类型的商品质量不一样。2020年6月,北京市统计局发布2019年北京网络购物用户调查报告,数据显示,72.7%的用户认为网络购物的商品质量参差不齐,56.0%的用户认为一些网购商品(服务)存在虚假宣传现象。① 网络购物用户不满意率超过46.2%。49.3%的网络购物用户评价"商品质量差,为仿制品",这在用户不满意原因中排第一位;28.9%的网络购物用户评价"商品是真的,但与描述不符",该原因排名第二。40.3%的网络购物用户买到假货后,选择了"忍",没有进行投诉,原因是觉得退换货太麻烦,这也反映了售后服务不到位是网络购物令人不满意的另一个原因。

俗话说,"一个便宜三个爱",电子商务平台上的低价商品对很多普通消费者而言具有很大的吸引力。一些平台采用低价竞争策略吸引用户,在一定程度上破坏了正常的市场环境。

3. 电子商务企业易出现一家独大的情况,形成垄断

目前,我国主要电子商务平台有天猫、京东、阿里巴巴、淘宝,还有一些行业性质的电子商务平台,如唯品会等。2021年,淘宝系仍占据中国零售电子商务市场51%的市场份额,其次是京东和拼多多,市场份额分别约为20%和15%。剩余的市场被抖音、快手等占据。

电子商务巨头阿里巴巴集团在中国境内网络零售平台服务市场实施"二选一"的垄断行为,造成大型电子商务平台之间的恶性竞争。一些平台利用自身的优势地位,为入驻平台的商家制订了一些不合理的政策,这些都是电子商务平台几家独大后产生的"店大欺客"现象。几大电子商务巨头的垄断行为,妨碍了电子商务平台正常的竞争,阻碍了商品服务和资源要素的自由流通,影响了平台经济的创新发展,侵害了平台内商家的合法权益,也损害了消费者的利益。

---

① 北京市统计局. 网购意愿强烈 潜力持续释放——2019年北京网购用户调查报告[EB/OL]. [2020-06-05]. https://www.beijing.gov.cn/gongkai/shuju/sjjd/202006/t20200605_1917363.html.

四、实体经济突破困境之策

互联网虽然方便了大众的学习、生活和娱乐,但也改变了以前固有的商业模式,对实体经济的发展造成了很大的影响。实体经济如何突破困境?本文从下面几点进行了分析。

(一)为实体经济提供政策支持,加大让利力度

为什么国外的实体经济受电子商务影响不大?在很大程度上,政府强有力的干预为实体经济的稳定发展提供了保障。如日本对电子商务企业征的税是非常高的,国家大力扶持实体店,很多电子商务企业难以坚持下去,最后选择转型经营实体店。

党的二十大报告提出,坚持把发展经济的着力点放在实体经济上。实体经济是国民经济发展的基石,国家要完善服务实体经济机制,从财政、货币等宏观政策方面为实体经济提供有力的支持。国家通过大基建以及政策补贴等方式推动高端制造业的快速发展,放宽了现有实体经济的生存环境,如积极推动投融资体制改革,拓宽投资渠道,将更多资本从非生产性领域配置到生产性领域。金融只有在为实体经济服务的过程中才能找到发展机遇,银行等金融机构通过上调存款利率、下降贷款利率、减免企业税费等手段,持续加大让利实体企业的力度,降低实体经济融资成本,缓解实体经济的经营困难。

(二)制定相应法律法规,规范电子商务的发展

2021年4月,国家市场监督管理总局公布对阿里巴巴集团的处罚决定书,对阿里巴巴集团处以182.28亿元罚款。2021年10月,国家市场监管总局对另一电商企业美团做出行政处罚决定,对美团处以34.42亿元罚款。2022年8月1日,新反垄断法开始施行,进一步调整和完善平台经济监管制度。新反垄断法对经营者的不正当竞争行为及垄断行为进行直接限制,制约大型平台超大的发展竞争优势,间接禁止电子商务平台形成垄断。网络不再是法律监管的真空,国家还严厉整治网络红人虚假夸大宣传直播、偷逃税等违法违规行为。

相关法律法规的制定和实施能使消费者拥有更多选择权。对于平台商家、消费者而言,平台经营者行为得到了规范,有利于平衡商家、消费者与平台经营者之间的地位,对于减少平台垄断行为,保障和维护商家、消费者的权益具有重要意义。

(三)实体行业和电子商务发展相结合,形成互补

快速发展的电子商务肯定会挤压实体店铺的生存空间,实体店铺应该适应时代潮流,完成自身的转变。越来越多的实体企业开始在营销上另辟蹊径,苏宁、格力、美的等传统家电企业纷纷加入了电子商务的怀抱。

1. 改变实体店铺营销模式,将线上营销与线下营销相结合

网络经济风生水起,实体店铺越来越难以生存。实体店铺应改变过去纯粹为了卖产品而打造的实体经营模式,将线上营销与线下营销相结合,积极尝试将网络和实体相结合的营销模式。实体店铺可以在门店内设置直播区域,一边开门做生意,一边进行网络直播。此外,实体店铺还可以充分利用微信等社交平台,借助老客户发展新客户,设置到店优惠,在微信朋友圈发布商品信息,培养稳定、忠诚的客户群。

2. 改变实体店营销环境,提升客户体验

消费者越来越重视服务。实体店铺经营者应努力把原来以产品为核心的门店打造成以人为本的门店,提供细心周到的服务,提升客户体验。

实体店铺在销售上其实有很多优势,它能够为消费者提供更好的体验,能让消费者直接触摸到商品,通过性能展示、试用等,能消除消费者对商品存在的认知盲区,增强消费者对商品的兴趣。尤其是服装类的商品,消费者对于服装的感觉,只有在实际观看、触摸、穿着之后才能知道。实体店可以加大消费者体验区投入,使消费者从多个方面全方位地体验产品,让客户宾至如归,最终形成良好的体验。现在,很多大型电子商务企业都发展了线下实体体验店,如京东、唯品会等在商场都开设了体验店。

3. 大力发展线下差异化营销

电子商务平台上的商品五花八门,很多商品价格低廉,实体店铺商品要想与线上产品竞争,就不能仅仅拼价格。在没有品牌溢价的情况下,与众不同的特色产品和人性化的服务细节是实体店铺最能吸引人的地方。网络上有的大众商品,实体店铺照样可以售卖,但需要做到人有我优、人优我特、人特我精、人精我廉;线上没有的产品,实体店在"人无我有"的绝对优势下,在价格和服务细节上就要牢牢抓住消费者,这样实体经济才有生存下去的"资本"。

五、结束语

实体经济是我国经济的命脉所在。拥有坚实发达的实体经济,是使我国具有长远竞

争力的关键所在。党的十九届五中全会明确提出坚持把发展经济的着力点放在实体经济上,并围绕实体经济发展进行详细部署。在电子商务迅猛发展的形势下,经济发展不能依赖流量带来的红利,要致力于产品的深耕。实体经济要与时俱进,和"互联网+"深度融合,将线上营销与线下营销相结合,学会两条腿走路,才能促进自身长远发展。

参考文献

[1] 李佰阳.浅析我国电子商务的现状及发展对策研究[J].科技信息,2009(32):226.
[2] 易观"互联网+"研究院.新电商时代[M].北京:北京联合出版公司,2017.
[3] 杨继美,李俊韬.我国电商物流发展现状与趋势分析[J].物流工程与管理,2014(4):1-2.
[4] 朱小良.电子商务与新零售研究[M].北京:中国人民大学出版社,2017.

《中国铁路职业与教育》征稿启事

《中国铁路职业与教育》是武汉铁路职业技术学院主办,华中科技大学出版社公开出版的铁路职业与教育研究丛书。为了促进现代轨道交通技术与教育的研究,真诚欢迎铁路职业教育教师以及研究者们赐稿。

一、征稿要求

1. 稿件要求:观点鲜明,论据充分,论证严谨,语言通顺,文字简练,可读性强,具有较高的理论价值和应用价值。稿件标题不超过20字,摘要篇幅不少于300字,正文以3000~5000字为宜。

2. 格式要求:论文格式见征稿启事,论文格式范本见投稿须知。

二、投稿方法

1. 请将文稿的Word格式电子文档(文件名统一命名为"作者姓名+单位(部门)+论文题目")发送到编辑部电子邮箱:TLZYYJY2021@163.com。投稿咨询电话:027-51159346、027-51168432。

2. 来稿文责自负(重复率不宜超过30%)。依据著作权法等有关规定,编辑部有权对稿件进行修改和删节。如不同意修改和删节,请作者注明。

《中国铁路职业与教育》投稿须知

来稿请遵循以下格式规范。

1. 作者简介

主要包括作者姓名、工作单位、研究方向、职称。

2. 摘要

篇幅为300字。只需提供中文摘要。内容应具有独立性和自含性,使读者通过摘要即可了解论文的观点和主要内容。以第三人称概述论文所探讨的问题,所用的方法和所得的结论,不举例证,不叙述研究过程,不做自我评价。

3. 关键词

主要罗列用来检索文献的主题词,一般每篇可选3~5个。关键词之间用空格隔开。只需提供中文关键词。

4. 注释

文中出现的注释一般是解释性文字或引用原文的文献,一般在正文中标序,以页下注的形式出现在页面底端。

5. 图表

切勿太大,插图要用计算机绘好,线条应均匀,图形应适中;照片要清晰;稿件中的量和单位应符合国家标准和国际标准。图和表分别编码,表题置于表格上方,图题置于图片下方。

6. 参考文献

参考文献是文章所参考的书目,在文中不标序,直接放在文章末尾,具体格式如下。

（1）普通图书的著录格式举例如下：

［1］杨叔子，杨克冲，吴波，等.机械工程控制基础［M］.5版.武汉：华中科技大学出版社，2005：110-121.

（2）期刊的著录格式举例如下：

［1］陶积仁.密码学与数学［J］.自然杂志，1984，7(3)：73-75.

（3）论文集的著录格式举例如下：

［1］中国力学学会.第3届全国实验流体力学学术会议论文集［C］.天津：［出版者不详］，1990.

（4）学位论文的著录格式举例如下：

［1］张志祥.间断动力系统的随机扰动及其在守恒律方程中的应用［D］.北京：北京大学，1998.

（5）报纸的著录格式举例如下：

［1］丁文祥.数字革命与竞争国际化［N］.中国青年报，2000-11-20(15).

（6）电子文献（包括专著或连续出版物中析出的电子文献）的著录格式如下：

［1］江向东.互联网环境下的信息处理与图书管理系统解决方案［J/OL］.情报学报，1999(2)：17-21［2000-01-18］.http//www.chinainfo.gov.cn/periodical/qbxb/qbxb99/qbxb990203.

7.标题序号

一级标题：一、二、三、
二级标题：（一）（二）（三）
三级标题：1.2.3.
四级标题：（1）（2）（3）
五级标题：a.b.c.

8.建议排版格式

字体：统一采用宋体。

字号：正标题采用二号字体加粗，副标题采用三号字体加粗，正文内容采用小四号字体。

行距：统一采用1.5倍行距。